ZHIZUO RU

CHELIANG MOXING
ZHIZUO RUMEN

车辆模型制作入门

本书编写组◎编

世界图书出版公司

WPC

广州·北京·上海·西安

图书在版编目（CIP）数据

车辆模型制作入门/《车辆模型制作入门》编写组
编 . —广州：世界图书出版广东有限公司, 2010. 11 （2024.2 重印）
　　ISBN 978 - 7 - 5100 - 3030 - 7

　　Ⅰ . ①车… Ⅱ . ①车… Ⅲ . ①汽车 - 模型 - 制作
Ⅳ . ①U46

中国版本图书馆 CIP 数据核字（2010）第 217428 号

书　　名	车辆模型制作入门 CHELIANG MOXING ZHIZUO RUMEN	
编　　者	《车辆模型制作入门》编写组	
责任编辑	张梦婕	
装帧设计	三棵树设计工作组	
出版发行	世界图书出版有限公司　世界图书出版广东有限公司	
地　　址	广州市海珠区新港西路大江冲 25 号	
邮　　编	510300	
电　　话	020-84452179	
网　　址	http://www.gdst.com.cn	
邮　　箱	wpc_gdst@163.com	
经　　销	新华书店	
印　　刷	唐山富达印务有限公司	
开　　本	787mm×1092mm　1/16	
印　　张	10	
字　　数	120 千字	
版　　次	2010 年 11 月第 1 版　2024 年 2 月第 11 次印刷	
国际书号	ISBN　978-7-5100-3030-7	
定　　价	48.00 元	

前　言

　　车辆模型运动是将娱乐、体育和科技很好地结合在一起的一个运动项目，掌握它需要有一定的科技知识和熟练的实际操作能力。参与车辆模型的制作、装配、调试，往往能学到不少有关机械、电子等方面的知识，更重要的是能不断地挑战自己的动手动脑能力、考验自己的意志品质。青少年在这样的活动中可以学习到在课堂上、课本里学不到的一些东西，能培养动脑动手的好习惯和勇于探索、不怕困难的优秀品质。

　　车辆模型的国际竞赛始于 20 世纪 70 年代。我国首届全国青少年车辆模型赛于 1985 年在北京举行，此后每年 1 届延续至今。随着国内外各项赛事的开展，以及人们对高水平休闲娱乐活动需求的增长，车辆模型运动正在为越来越多的人所接受和喜爱。

　　实践说明车辆模型运动是一项寓教于乐、有益身心的科技体育项目。不少车模爱好者，都是从最初的不甚了解开始，逐步到爱好这项富有挑战性的运动；对想要学习制作车辆模型的人来说，随着一步步深入，都将会发现这是一个十分新奇的知识天地，甚至会改变其一生的理想。

　　车辆模型的种类很多，按车辆模型的性能来划分，可以分为静态外观车模、非控制车模、自控车辆模型和遥控车模等。

　　静态外观车模，顾名思义，模型本身没有动力和传动装置，不能行驶。这种模型的仿真车型较多，制作各部件的大小比例和颜色都和真车一样，加工精细，看上去像工艺品。

1

非控制车模大多数没有复杂的控制设备，只有简单必要的动力设备、传动装置和简易的车轮底盘、车壳等，取材容易，制作简单，也可以参加竞赛。

自控车辆模型能按一定的程序行驶。可直行、转弯、鸣笛、亮灯等或按事先安排好的程序行驶，也可以行驶到某一处后按自动控制信号改变动作，一般要由车内外电气的或机械的控制机构自动控制。

遥控车辆模型以市场上的成品和半成品为主。外形多为仿真的，如赛车型、越野车型或各种房车，还有些玩具遥控车仿造轿车、特种工程车及坦克车等。这些专门用来开展训练活动和比赛的车，多为半成品车，买回来后，要动脑动手进行组装，试车训练，参加比赛。这种车较贵，但训练和比赛时跑起来很刺激，深受青少年喜爱。

想要进入车辆模型世界的人常常不知道从哪里入手比较好，很多人由于没有摸到门路而无法循序渐进地学习，最后不得已放弃了。如果你也是想体会车模快乐的人，就认真遵循本书的路线一步一步来。本书首先介绍了车辆模型制作的有关基础知识，然后以动力类型由简到繁，依次介绍了橡筋动力、电动机动力（包括电池能源的和太阳能能源的）和内燃机动力三大类车模的相关知识及制作。

本书所介绍的内容以简单易做为主，如果你能坚持下来，相信一定会有很大的收获！

目 录
Contents

目 录

MU LU

1

车辆模型制作入门

CHELIANGMOXINGZHIZUORUMEN

车辆模型制作基础知识

尽管车辆模型的种类非常多，动力设备和控制方式五花八门，所要完成的机械动作多种多样。但是，它们都有同真实车辆几乎相同的结构和动力传递方式，都能完成启动、变速、转向、制动、停车等行驶功能。

车辆模型的动力是怎样传递的呢？它们的行驶功能是怎样实现的呢？在制作车辆模型之前，先在本章了解一下车辆模型及其制作的基础知识。

车辆模型的组成

一、基本结构

车辆模型的基本结构由发动机、传动机构、前轮、前桥、后轮、后桥、底盘、车壳等八个部分组成，如图1—1—1（a、b）所示。

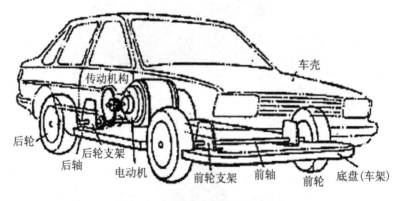

图1—1—1　a车辆模型的基本结构

1. 发动机

发动机为车辆模型自动行驶提供动力，相当于车辆模型的"心脏"。车辆模型的发动机有橡筋、电动机、内燃机等。实质上，发动机是车辆的能量转换器：橡筋发动机把弹性势能转换成机械能；电动机把电能转换成机械能；内燃机把化学能转换成机械能。如图1—1—2和图1—1—3所示的是车辆模型的电动机和内燃机。

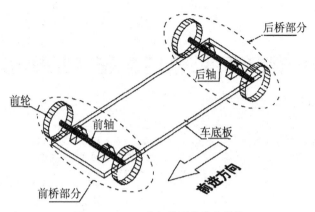

图1—1—1 b车辆模型的基本结构

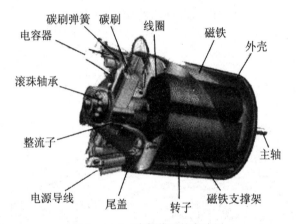

图1—1—2 车辆模型的电动机

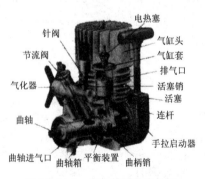

图1—1—3 车辆模型的内燃机

2．传动机构

传动机构是传递动力的装置，还能起到变速的作用。车辆模型的传动机构主要采用齿轮传动，另外还有皮带传动、摩擦轮传动、蜗轮蜗杆传动等。图1—1—4是车辆模型常见的传动机构。当采用多级齿轮传动的时候，往往把各齿轮安装在一个箱体内，组成变速箱。

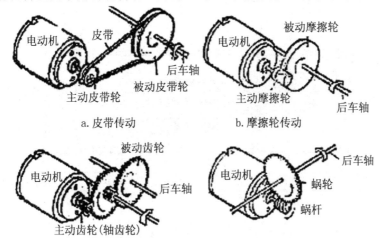

a．皮带传动　　　　　　　b．摩擦轮传动

c．齿轮传动　　　　　　　d．蜗轮蜗杆传动

图1—1—4　车辆模型的传动结构

3．前轮

前轮一般设计为被动轮，由于转向机构通常和前轮轴相连，所以，前轮又叫做方向轮。

4．后轮

后轮一般设计为驱动轮，对车辆起驱动作用。

5．前桥

前桥由前车轴和前轮支架组成，用来连接前轮和底盘。

6．后桥

后桥由后车轴和后轮支架组成，用来连接后轮和底盘。

7．底盘

底盘又叫做车架，它把车辆模型各个部分连成一体，还承载着电动机、电源和各种控制设备。

8．车壳

车壳决定车辆模型的外形，还保护着车上各种设备的作用。

设计合理的流线型的车壳，不仅使车辆美观，而且能减少空气阻力，提高行驶速度。初学者开始制作车辆模型，可以先不安装车壳。本书最后一章重点对车壳的制作和美化进行了介绍。

一般来说，各种车辆自动行驶的驱动原理是大同小异的。发动机所产生的动力多数通过变速箱传递

3

给后轮，驱动车辆自动行驶。图1—1—5是一辆电动车辆模型的动力传递示意图。接通电源，电动机轴上的小齿轮随电动机轴一起按顺时针方向转动，再依次通过盆齿和两个中间齿轮（也叫做过桥齿轮），再把动力传递给后轴齿轮，由于后轴齿轮同后轴紧固连接，后轴按顺时针方向转动，从而驱动后轮向前行驶。

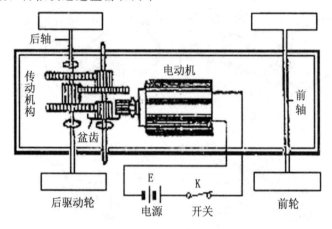

图1—1—5　车辆模型动力传递示意图

二、特殊机构

具备基本结构的车辆模型，只能作直线和不变速的行驶。要使车辆模型具有转向和调速的功能，还要附加一些特殊机构。

1. 调速机构

车辆模型的调速机构，可以在一定范围内改变车辆模型的行驶速度。有些调速机构还能控制车辆模型的前进、倒退和停车。

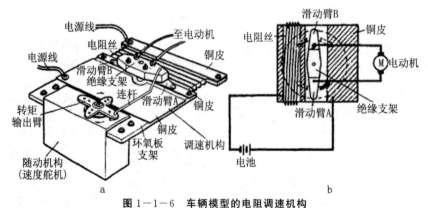

图1—1—6　车辆模型的电阻调速机构

图 1-1-6 是电阻调速机构的结构图。它由随动机构（速度舵机）和调速机构两个部分组成。这种电阻调速机构，一般安装在无线电遥控车辆模型中。由图 1-1-6a 可以看出，随动机构的转矩输出臂，无论顺时针还是逆时针转动，都要通过连杆带动调速机构的滑动臂以相同方向转动。

滑动臂上的 A 和 B 都是磷铜触片，分别和电动机的两根引线相连。当滑动臂跨接在电阻丝的不同位置时，电动机可以得到大小不同、极性不同的电压，用来控制电动机的启动、停止、调速和转向。

由图 1-1-6b 可以看出，滑动臂处于竖直位置时，电动机电源切断，车辆模型处于停车状态。如果滑动臂按实线箭头方向逆时针转动，电动机接正向电压，车辆前进。随着滑动臂逆时针转过

的角度增大，串入的电阻逐渐减小，车辆前进的速度逐渐增加。滑动臂转到 90°串入的电阻为零，车辆前进的速度最大；当滑动臂回转的时候，串入的电阻开始增加，车辆前进的速度就逐渐减小了。如果滑动臂按虚线箭头方向顺时针转动，电动机接反向电压，车辆倒退。同样，随着滑动臂顺时针转过的角度逐渐增大，车辆倒退的速度会逐渐增加，直到速度最大；再回转的时候，它的速度又逐渐减小。

2. 转向机构

车辆模型的转向机构可以控制左右转向，常见的有手动定向机构和舵机控制转向机构两种，如图1-1-7 所示。

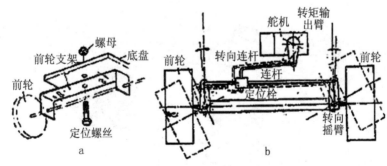

图 1-1-7　车辆模型的转向机构

图 1-1-7a 是手动定向机构，通常用在简单的车辆模型中。它可以使车辆模型在一定范围内做圆周运动。手动定向机构是通过改变前轮支架的位置来控制转弯大小的。如果拧松定位螺丝，转动前轮支架，使前车轴偏转一定角度，这样车辆

模型就能以一定的半径做圆周运动。偏角一般以10°～15°较合适。为了避免翻车，车身长、车速大时偏角要小些，车身短、车速小时偏角可大些。合适的偏转角度可以通过多次试车加以调速。

图 1-1-7b 是舵机控制转向机

构。它由随动机构和转向机构两个部分组成。当发射机发出左转或者右转指令信号的时候，随动机构中的微型电机在指令信号的控制下，做顺时针或者逆时针转动，固定在它轴上的转矩输出力矩，通过定位栓和转向连杆传递给转向摇臂，使两个方向轮随着转向摇臂做左右转向。装配转向机构的时候要注意，两个方向轮是由两根车轴分别安装在左右两个转向摇臂上的，而左右两个转向摇臂又由转向螺丝安装在底盘上，它们以转向螺丝为轴可以自由转动。

3．差速器

车辆模型在转弯行驶的时候，左右两个驱动轮走过的路程是不同的，外侧驱动轮要比内侧驱动轮走过的路程较长。

如果两个驱动轮紧固在一根车轴上，由于它们具有相同的转速，转弯行驶只能依靠内侧驱动轮对地面打滑来实现。在车身较重的情况下，打滑现象不容易发生，车轴将要承受"麻花状"扭曲力矩，这对车辆模型高速行驶十分有害。为了解决这个矛盾，人们参考真实车辆的结构，在车辆模型中也安装差速器。

差速器的种类很多。图1-1-8是一种常用的伞齿轮差速器，它由电动机轴齿轮、过轮齿轮、镶嵌在过桥齿轮中的三个差速伞齿轮、外伞齿轮和内伞齿轮等组合而成。

伞齿轮差速器在结构上有两个特点：第一、发动机的动力，不再由传动机构直接传递给驱动轴和跟它紧固在一起的驱动轮；第二、两个驱动轮不是安装在同一根车轴上，而是分别安装在同内外伞齿轮紧固在一起的两根驱动轴上。

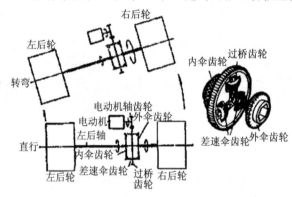

图1-1-8 伞齿轮差速器工作原理示意图

当车辆模型行驶的时候，左右驱动轮会受到地面反抗力矩的作用，这个反抗力矩又通过内外伞齿轮作用在三个差速伞齿轮上。如果车辆模型直线行驶，内外伞齿轮作用在三个差速伞齿轮上的反抗力矩是相等的，不会引起差速伞齿轮"自转"。这样，电动机轴齿轮把动力传递给过桥齿轮，再通过三个差速齿轮和内外伞齿轮，使左右驱动轮以相同的转速转动。

如果车辆模型转弯行驶，左右

驱动轮受到地面反抗力矩是不同的，内侧轮受到的反抗力矩大，外侧轮受到的反抗力矩小。大小不同的两个反抗力矩作用在三个差速伞齿轮上，产生"麻花状"的扭曲力矩，使差速伞齿轮随同过桥齿轮"公转"的同时发生"自转"。这种"自转"恰好使外侧轮的转速增加，使内侧轮的转速减小，这样就达到了"差速"的目的。车辆模型安了差速器，就能自动调整两个驱动轮的转速。

4. 离合器

离合器是内燃机动力车辆模型必须具备的机构。由于内燃机启动比电动机要困难得多，需要借助离合器，在内燃机不熄火的情况下，使动力同驱动轮"断离"或"接合"，实现停车和前进的动作变换。

图1-1-9是常用的离心式离合器，图a是正视图，图b是侧视图，图c是立体展开图。

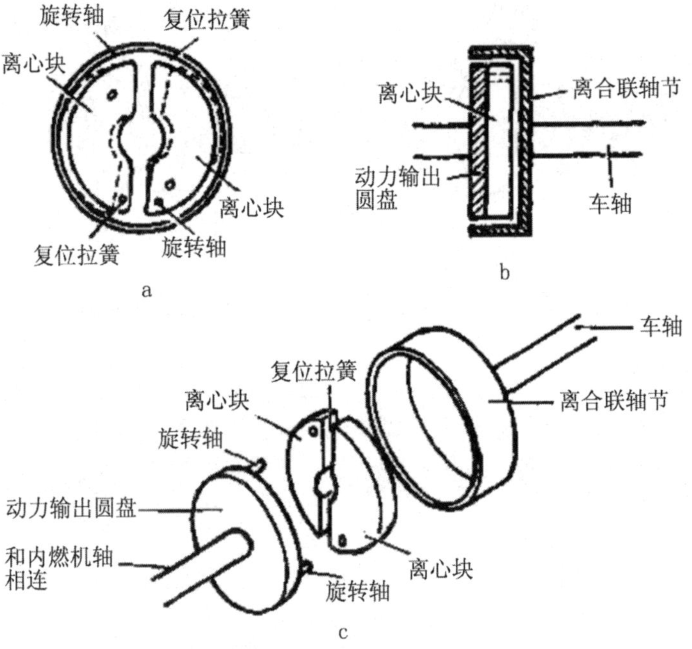

图1-1-9　离心式离合器的结构原理图

在动力输出圆盘里，有两片半圆形离心块。由于它们是用复位拉簧连接的，仍然可以绕旋转轴 O 和 O' 旋转。圆盆形的离合联轴节，罩在动力输出圆盘的外面。

当内燃机熄火或者低速旋转时，两片离心块在复位拉簧的作用下是合拢的，动力输出圆盘同离合联轴节处在"离"的状态，如图1-1-9a实线所示。内燃机发动后，动力输出圆盘由慢变快地转动起来，两片离心块逐渐克服复位拉簧的拉力而张开。当达到一定张角的时候，动力输出圆盘同离合联轴节就要处在"合"的状态，如图1-1-9a虚线所示。靠离合联轴节和离心块之

7

间的静摩擦力，把内燃机的动力传递给后车轴，驱动后轮转动起来。如果调节内燃机的油门，使它的转速降到最低，两片离心块就会在复位拉簧的作用下回到"离"的状态。这时候，车辆模型就会在不熄火的情况下，处在"停车"状态。

图1-1-10是内燃机常用的另一种离合器。边缘的动力输出圆盘分别和内燃机轴、钢质离心块紧固连接，动力输出小齿轮和离合联轴节连接成一体，它们空套在离心块固定轴上，开口销卡在离心块固定轴的凹槽内，离合联轴节定位在离心块固定轴上，电启动头由止头螺丝固定在离心块固定轴上。所不同的是，这里的离心块，没有复位拉簧，它是靠钢质离心块自身的形变，也就是靠两离心块张开时的弹力来复位的。这种离合器的电启动头和启动槽是专供发动内燃机用的（可参考第五章）。

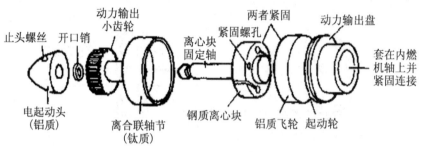

图1-1-10　内燃机常用的另一种离合器结构原理图

5. 减震装置

车辆模型，尤其是赛车模型，在高速行驶的过程中会产生震动。这种震动对充分发挥车辆模型的行驶速度非常不利。为了减小震动，人们给车辆模型安装了减震装置。车辆模型的减震装置一般采用减震压簧。当车辆模型在不平坦的路面上行驶，特别是碾压阻碍物时，压簧会产生形变，从而使车辆的震动减弱，如图1-1-11所示。

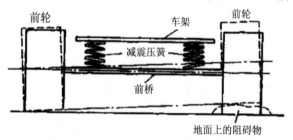

图1-1-11　车辆减震装置示意图

减震装置一般安装在车辆模型的前桥和车身之间。有时，也可以在前、后桥都安装减震装置。如果再配上有弹性的橡皮或者海绵车轮，会取得更好的减震效果。

6. 翼板

赛车模型有时需要在它的尾部安装翼板。它的形状很像倒装的飞机机翼。当赛车模型超高速行驶的时候，流过翼板界面的空气流线如图1—1—12所示。

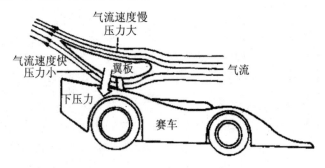

气流速度慢 压力大

气流速度快 压力小

翼板

气流

下压力

赛车

图1—1—12　翼板的作用示意图

翼板上方气流速度小，压强大；翼板下方气流速度大，压强小，翼板上下的压力差增大了车辆模型对地面的正压力。车辆模型行驶速度越快，压力差越大，车轮对地面的正压力也越大。这可以避免驱动轮同地面打滑，从而使赛车模型增加牵引力和提高稳定性。

7. 避撞板

由具有韧性的塑料制成的避撞板，一般安装在车架的前端，起保护车辆的作用。另外，在避撞板上还开有几个小圆孔，可以作为提拿车辆模型时的提手。

车辆模型的传动

车辆模型传动机构传动比的设计，是关系到发动机性能和车辆行驶性能能否充分发挥的重要问题。传动比设计合理，能使车辆顺利完成各种行驶功能；否则，会导致行驶功能的失败。

一、车辆模型传动比的计算

传动机构的传动比是主动轮转速同被动轮转速的比。在齿轮传动机构中，由于主动轮同被动轮转速 n_1、n_2 跟它们的齿数 z_1、z_2 成反

比，即 $\dfrac{n_1}{n_2}=\dfrac{z_2}{z_1}$，所以齿轮传动的传动比又等于被动轮齿数同主动轮齿数的比。齿轮传动传动比 i 的数学表达式是：

$$i=\frac{n_1}{n_2} \text{或} i=\frac{z_2}{z_1}$$

在摩擦传动或者皮带传动机构中，由于主动轮同被动轮的转速 n_1、n_2 跟它们的直径 D_1、D_2 成反比，即 $\dfrac{n_1}{n_2}=\dfrac{D_2}{D_1}$。所以摩擦传动或者皮带传动的比又等于被动轮直径同主动

轮直径的比，数学表达式是：

$$i=\frac{n_1}{n_2} \text{ 或 } i=\frac{D_2}{D_1}$$

下面结合图 $1-1-4$ 中所提供的实例进行一些简单的计算。

【例1】已知主动摩擦轮直径 D_1 $=9$ 毫米，被动摩擦轮直径 $D_2=36$ 毫米，求摩擦轮传动机构的传动比。如果主动轮转速 $n_1=220$ 转/分，求被动轮转速 n_2。

解：摩擦轮传动机构的传动比和被动轮转速分别是：

$$i=\frac{D_2}{D_1}=\frac{36}{9}=4$$

$$n_2=\frac{n_1}{i}=\frac{220}{4}=55 \text{（转/分）}$$

【例2】在齿轮传动机构中，主动轮齿数 $z_1=8$ 齿，被动齿轮齿数 $z_2=36$ 齿，求传动比。如果主动轮转速 $n_1=360$ 转/分，求被动轮转速 n_2 多大。

解：齿轮传动机构的传动比和被动轮转速分别是：

$$i=\frac{z_2}{z_1}=\frac{36}{8}=4.5$$

$$n_2=\frac{n_1}{i}=\frac{360}{i}=80 \text{（转/分）}$$

车辆模型中的变速箱，是一种多级齿轮传动系统，可以先逐级计算传动比，然后再计算总传动比。总传动比同各级分传动比的关系是：

$$i_\text{总}=i_1 \cdot i_2 \cdot i_3 \cdot \cdots \cdot i_n$$

【例3】车辆模型常用四级变速箱，各级的传动比相同 $i_1=i_2=i_3=i_4=3.6$，求变速箱的传动比 $i_\text{总}$。如果变速箱输入的转速 $n_1=1512$ 转/分，求它输出的转速 $n_\text{出}$ 是多大。

解：变速箱总传动比和变速箱输出的转速分别是：

$$i_\text{总}=i_1 \cdot i_2 \cdot i_3 \cdot i_4$$
$$=3.6 \times 3.6 \times 3.6 \times 3.6$$
$$=168$$

$$n_\text{出}=\frac{n_1}{i_\text{总}}=\frac{1512}{168}=9 \text{（转/分）}$$

必须指出，在齿轮传动机构中，过桥齿轮只改变转动方向，它的齿数多少并不影响主动轮和被动轮之间的传动比。所以，在传动比的计算中，过桥齿轮可以不用计算。

【例4】在二级齿轮传动机构中，主动轮齿数 $z_1=13$ 齿，被动轮齿数 $z_2=24$ 齿，过桥齿轮齿数 $z_桥=11$ 齿，求整套传动机构的传动比。

解：如果考虑过桥齿桥，第一级传动比 i_1、第二级传动比 i_2 和整套传动机构的传动比 $i_\text{总}$ 分别是：

$$i_1=\frac{z_桥}{z_1}=\frac{11}{13}=0.85$$

$$i_2=\frac{z_2}{z_桥}=\frac{24}{11}=2.18$$

$$i_\text{总}=i_1 \cdot i_2=0.85 \times 2.18=1.85$$

如果不考虑过桥齿轮直接计算，整套传动机构的传动比是：

$$i_\text{总}=\frac{z_2}{z_1}=\frac{24}{13}=1.85$$

由例4可见，过桥齿轮是可以不用计算的。

二、加速传动机构和减速传动机构

传动比小于1的传动机构叫做加速传动机构。传动比大于1的传动机构叫做减速传动机构，它们的特点如图 $1-2-1$ 所示。

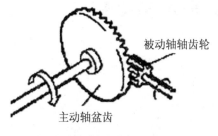

被动轴轴齿轮

主动轴盆齿

（加速传动，转速增大）

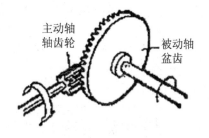

主动轴
轴齿轮

被动轴
盆齿

（减速传动，转速减小）

图1-2-1　加速传动机构和减速传动机构

在加速传动机构中，通常各级齿轮的齿数总是逐级减少的。如果忽略摩擦阻力，各级齿轮又做匀速转动，那么各个齿轮啮合处传递的力总是大小相等的，而它们所传递的力矩却是逐级变小的。因此，最后一级齿轮轴在转速增加的同时扭力变小。相反，在减速传动机构中，各级齿轮的齿数总是逐级增多，它们所传递的力矩逐级变大。最后一级齿轮的轴在转速减小的同时扭力增大。

玩具电动机和内燃机的转速都较大，但是扭矩却很小。比如迅速转动的玩具电动机，用手一捏它的转轴，就会因超载而停止转动。用它们驱动车辆模型，要减小它的转速增大它的扭矩，总是要采用减速传动机构。

但是，橡筋动力车辆模型必须采用加速传动机构，因为只有这样，才能在增加转速、减小扭矩的情况下，使橡筋储存的弹性势能缓慢释放出来，从而使车辆模型在较长的时间以较稳定的速度前进。

表1-2-1是常用的传动比参数表，供设计和制作车辆模型时参考。

表1-2-1　常用传动比参数表

主动轮齿数	被动轮齿数	传动比	时　　速
24	56	1：2.3	6.4千米/小时
18	56	1：3.1	4.5千米/小时
14	56	1：4	3.5千米/小时
10	62	1：6	

从表中可以看出，变换主动轮的齿数，是取得不同传动比的方法。

在日常训练的时候，往往采用1：6的传动比。在比赛的时候，常采用1：3的传动比，这样能充分发挥车辆模型的行驶速度，但磨损将会很厉害。

车辆模型的常用制作工具

制作车辆模型的工具可以使用手里现成的榔头、钳子、螺丝刀、铅笔刀、小木刻刀、学生尺等，也可以根据条件适当地购置台钳、台钻等工具。制作车辆模型的常用工具如图1—3—1所示。

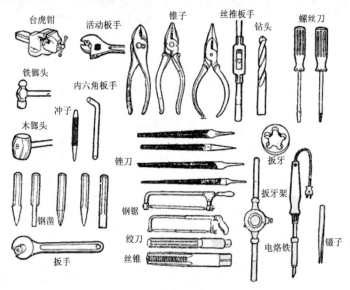

图1—3—1 车辆模型的常用制作工具

一、锤子和凿子

1. 锤子

常用的锤子有四种：钳工锤、铜锤、木槌、八角锤。钳工锤多用来凿削零件。八角锤多用来装配大型零件，校直钢筋也常用它。铜锤和木槌一般在装配时使用，例如，装配车辆模型中的轮箍铜套就要用木槌轻轻地敲打，如果用钳工锤就可能把铜套敲毛。

2. 凿子

常用的凿子有宽凿、油凿和狭凿，一般凿平面用宽凿，开销子槽用狭凿，开油槽用油凿。

二、手钳、台虎钳和扳手

1. 手钳

手钳的种类很多，常用的有钢丝钳和尖嘴钳。钢丝钳用来夹持零件和截断直径较小的金属线、棒。尖嘴钳适合夹住细小的零件，在较窄的部位使用。

2. 台虎钳

台虎钳是夹持零件的工具。它安装在桌子上或工作台上，起着夹稳零件便于加工制作的作用。

3. 扳手

扳手分为呆扳手、活动扳手、梅花扳手和内六角扳手等多种。主要用来拆装零件。呆扳手和梅花扳手要按六角螺母尺寸选用，否则会损坏螺母和扳手。活动扳手可以调节扳口的大小，使用时要避免用活动扳口的外沿，以防工件滑脱。另外，不准用活动扳手代替锤子使用。

三、钢锯、锉刀和手摇钻

1. 钢锯

钢锯是常用来锯割金属材料的工具。它由锯架和锯条两部分组成，锯架可以用直径 10～12 毫米的圆钢自制。锯条长为 300 毫米，齿距分为粗、中、细三种。粗齿齿距 1.8 毫米，用来锯割软钢、黄铜、铸铁、铝等。中齿齿距 1.4 毫米，用来锯割钢管、铜管等。细齿齿距为 0.8～1.2 毫米，用来锯割薄片金属、薄壁管子等。

锯条是既薄又硬的刀具，比较容易折断。安装时要注意使锯齿朝前，调节蝶形螺母使锯条的松紧适度，太松不容易加力，又容易扭断，太紧会使锯条失去应有的弹性，稍受压力或冲击就容易折断。使用时向前推加压力，向后拉不加压力。

2. 锉刀

为了使零件表面光洁并具有所需要的尺寸和形状，常用锉刀进行加工。锉刀的种类很多，按齿的粗细分成粗齿锉、中齿锉、细齿锉。锉齿越细，加工出来的表面越光滑精细。

锉刀按形状分成板锉、方锉、三角锉、半圆锉、圆锉等。板锉主要用来加工平面和凸起的曲面。方锉用来加工方形通孔和方槽。三角锉用来加工三角形通孔和三角槽。半圆锉用来加工凹面、弧面和大于锉刀宽度的圆弧，平的一面又可以作板锉使用。圆锉用来加工圆孔或弧形槽。另外，加工细小零件和形状复杂的零件，还可以使用什锦锉。

3. 手摇钻

手摇钻是用来钻孔的工具，工作的时候，钻头一边旋转，一边沿轴线向下运动。要根据加工孔径的大小和材料的硬度来选择转速：孔径大，转速要低些，孔径小，转速可高些；加工材料硬，转速要低些，加工材料软，转速可高些。

钻孔之前，要在加工件上画线，把孔的位置定好，然后用中心冲子在孔的中心冲上一个定位眼，这样可以避免滑钻。钻孔时加工件要放正、夹牢，可先试着钻一个浅孔，如果发现孔眼钻偏立即进行纠正。孔将钻透时，下压力要减小，以免钻头刃口损坏或折断。钻孔时严禁戴手套，女生要戴上工作帽。

四、绞刀、丝锥和板牙

1. 绞刀

绞刀用来对已经钻好的孔进行精加工。

绞孔的方法是把绞刀放入有加工余量的小孔中，绞刀和加工件表面垂直，用扳手夹住绞刀的一端，两手边压边顺时针方向旋转。注意两手压力要均匀，不允许反转，反转时刀刃会夹带铁屑使加工件表面粗糙，也会使刀刃磨损。绞刀退出时仍要一边顺转一边向外拉出。

2. 丝锥和丝锥扳手

丝锥和丝锥扳手是攻丝的工具，在制作车辆模型中使用非常多。所谓攻丝是指用丝锥和丝锥扳手给在孔内加工内螺纹。

一套丝锥分为头攻和二攻，头攻有不完整牙 $7\sim8$ 个，二攻有不完整牙 $3\sim4$ 个。

丝锥扳手分为固定式和活动式的两种，固定式扳手的中部有几个放丝锥的方孔，使用起来有一定的局限性。活动式扳手的中部方孔可以调节，可以配用不同的丝锥。

进行攻丝操作前首先要确定底孔的孔径，否则，孔径大了会造成攻丝后螺纹浅，孔径小了丝锥攻不进，甚至折断丝锥。

怎样来确定底孔的大小呢？

对硬性材料：

底孔直径 $=d-1.2h$

对韧性材料：

底孔直径 $=d-1.1h$

式中 d 表示螺丝外径，h 表示螺距。

算好底孔孔径以后，把加工件放在台虎钳上夹稳就可以钻孔。攻丝时两手要均衡用力使丝锥顺时针转动，并要略加压力。头攻切削出口牙后，要用直角尺核准丝锥是否同加工件表面垂直，如果不垂直要及时纠正。头攻攻到底后马上旋出，然后再换二攻，攻出光滑的螺纹。为了不让切屑塞满丝锥的出屑槽，每转一周时要退回 $1/4\sim1/2$ 周，随时消除丝锥和孔中的金属屑。

3. 板牙和板牙架

板牙和板牙架是套丝用的工具，所谓套丝是指用板牙进行外螺纹加工。

使用板牙和板牙架套丝时，把要加工的圆杆或圆管的端部，用锉刀倒角，便于板牙起屑。板牙架要始终垂直于圆杆或圆管。开始套螺纹的时候，双手要适当下压，并且边压边转动手柄。等套出几分后就不需要再加压力了，只要旋转板牙架就行了。当手感阻力较大的时候，要反转 $1/4\sim1/2$ 周再继续套丝。

车辆模型的常用制作材料

制作车辆模型可供选择的材料十分广泛，大体可以分成金属、非金属和黏合剂三大类。

一、金属材料

1. 薄铁皮

薄铁皮可以用铁皮剪剪裁，用手摇钻钻孔。它通常用来制作支架、车壳、轮毂，还用来固定电动机等。薄铁皮可以直接在市场上买到，也可以把罐头或其他铁皮容器拆开使用。但注意不要使用生锈的铁皮，因为生锈的铁皮难焊接，并且不容易喷漆装潢。

2. 铝板

常用的铝板有硬铝板和半硬铝板。去五金商店购买大小、厚度不同的边角料即够用了。

硬铝板主要用来制作车辆模型的车架、保险杠、机械转换装置、推拉

14

杆等，它不宜制作需要弯折的零部件。常用的硬铝板厚度为1～2毫米。

半硬铝板主要用来制作车轴支架和固定支架等零部件。它的质地较软，范性较好，可以弯折。但不宜多次弯折，否则也会折断。常用的半硬铝板厚度为1～1.5毫米。

3. 薄铜片

在车辆模型制作中，用得最多的是磷铜片，常用的厚度为0.3～0.5毫米。磷铜片弹性好又具有良好的导电性，是制作导电触片、开关、电池夹、调速器等的理想材料。有时也用它制作一些小支架。对它进行剪裁、钻孔等都很方便，但剪裁后的边角较锋利，加工时要注意安全，最好戴工作手套。另外，对它进行焊接之前，要清除焊接处的油污，并涂抹适量的焊锡膏。

4. 漆包线

漆包线主要用来作电路接线和绕制电动机电枢，有时也用来固定小零件。常用的线径规格为0.1毫米、0.23毫米、0.4毫米和0.6毫米。后两种常用来绕制电动机的电枢。

二、非金属材料

1. 塑料

塑料是车辆模型中使用最广泛的非金属材料。在市场上可以买到规则的板材和各种不同的边角料。很多塑料的生活用品，如塑料鞋、塑料药瓶等，都能用作车辆模型材料。塑料颜色鲜艳，易于加工成型。用它可制作车壳、车窗、车架、轮芯、传动轮等。常用的塑料有以下几种：

（1）聚乙烯塑料：一种乳白色的塑料，重量轻，常用来制作车辆

模型的轮芯和滑轮等零部件。

（2）聚苯乙烯塑料：一种表面光泽易于染色的塑料，是制作车体的较好材料。

（3）聚甲醛塑料：一种白色高强度的工程塑料，质地坚实，耐磨，主要用来制作各类传动齿轮。

（4）聚氯乙烯塑料：这种塑料薄片，加热就软化，可用真空吸塑成型的方法制作出各种各样的车辆模型外壳。

（5）泡沫塑料：常用的有可发性聚苯乙烯泡沫塑料和聚氨酯泡沫塑料。前者是一种硬质泡沫塑料，密度小，易切割、易打磨，常用来制作车轮；后者质软，是良好的防震材料，也可以用来包裹或垫衬接收机、舵机、传感器等设备。

2. 有机玻璃

在市场上可以买到各种颜色的板材、块材和各种边角料。它的一个重要特点是加温到110℃时变软，特别容易加工成型。此外，它的颜色鲜艳，表面光泽好，又能直接用二氯乙烷、氯仿等有机溶剂进行黏接，这就为各零部件的制作、安装、组合带来许多方便。常用来制作紧固支柱、盖板、导轮槽板、车窗、车门和各类特殊形状的沟槽和零部件等。

另外，木材和各种纸张也是制作车辆模型的常用材料。

三、黏合剂

在制作车辆模型时，采用黏合加工的方法，具有简单方便的特点。常用的黏合剂有以下几种。

1. 快干胶

赛璐珞溶解在香蕉水中就成快

15

干胶。这种胶黏稠易干，适宜黏结木材、织物、纸张等。

2. 白胶水

白胶水是一种白色的黏稠液体，主要成分是聚醋酸乙烯酯。它的凝干时间较长，要超过 10 个小时，凝干后胶层间有弹性，最适用于胶接木材。白胶水在 10℃ 以下性能会下降，使用时要注意。

3. 502 胶水

502 胶水是以 α—氰基丙烯酸酯为主要成分的无色透明液体。它是一种瞬干胶，用来黏结金属、塑料、玻璃、橡胶、木材、陶瓷等。502 胶水的胶结强度较高，但不易长久保存。一般不使用时用密封放置在阴凉的地方，最好放置在冰箱里保存。

4. 环氧树脂胶

环氧树脂胶是一种黏稠，呈淡黄色或琥珀色的黏合剂，市售成品有 E44、E51 等牌号。

环氧树脂必须用固化剂使它固化变硬后才能起胶结作用。常用的固化剂有乙二胺（每 100 克环氧树脂用 6～8 克）、乙烯胺（每 100 克环氧树脂用 14～16 克）以及 650、651 聚酰胺树脂（它的用量同环氧树脂量相等）。市售的成品用软管包装，一管是环氧树脂胶，另一管是固化剂。胺类固化剂有毒，要注意防护。聚酰胺固化的环氧树脂韧性较好。环氧树脂的固化时间因固化剂用量不同而有长有短，一般一昼夜就可以了。

5. 甲苯

甲苯是一种可以用来黏结聚苯乙烯塑料的有机溶剂。

6. 二氯乙烷和氯仿（三氯甲烷）

二氯乙烷和氯仿是两种溶剂，可以溶解有机玻璃，所以常用它们来黏接有机玻璃的零部件，也可以把有机玻璃碎屑溶入氯仿或二氯乙烷制成胶液使用。由于二氯乙烷和氯仿可以溶解有机玻璃，又易流动，所以用量不宜过多，过多会造成零部件变形，这点应特别注意。

另外，对于黏合面积大的零件，可以把氯仿吸入医用注射器里，用针头沿着两块黏合体的合缝处注入，氯仿会自行均匀地漫开。这种黏合方法既省料又方便。

车辆模型制作实用电路举例

本节介绍几种实用电路，供制作车辆模型时选用。

一、电子声光电路

1. 二极管电子声光电路

图 1—5—1 是一个二极管电子声光电路。该电路可在 3～7.5 伏之间选用。调整 R_1 或 C_1，可以改变它的音调。在喇叭发声的同时，发光二极管 LED 闪亮。R_3 是调节发光亮度的保护电阻，在电源电压 3 伏时 R_3 可略去不用。喇叭尺寸最好采用小型产品。BG_1 可用 3DG6，功率放大系数应在 50～100 之间，BG_2 可用 3AX81，功率放大系数大于 30 即可。

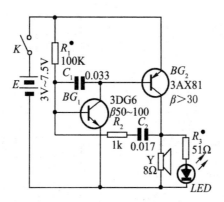

图1-5-1 二极管电子声光电路

2. 集成块声光电路

图1-5-2是利用集成块T063制成的声光电路。电源电压要用5伏,如果用干电池要特别注意不要高于6伏。AN可以接自动开关。

二、电子闪光电路

图1-5-3是电子闪光电路,这是一种无稳态振荡电路。这个电路可用作警灯或方向指示灯,BG_1和BG_2可以用3DG12的中功率管,

功率放大系数在30～100之间,闪亮时间可以由C_1、C_2决定。各灯泡可以用6.3伏、0.15安小电珠。

三、机械式声光电路

图1-5-4是一种适宜安装在大型车辆模型上的机械式声光电路。它采用一只凸轮来控制触点开关,凸轮同齿轮箱动力输出轴(或车轴)紧固连接,当凸轮触到触点时,电路就被接通,于是喇叭和小灯就会分别发声和发光。

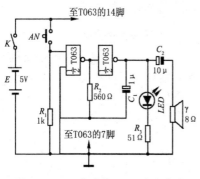

图1-5-2 集成块T063声光电路

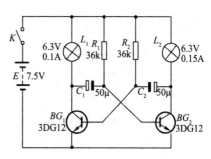

图1-5-3 电子闪光电路

17

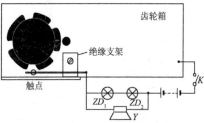

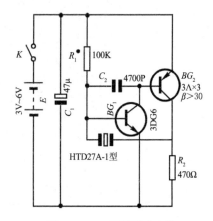

图 1－5－4　机械式声光电路

图 1－5－6　两管音响电路

四、音响器

1. 单管音响电路

图 1－5－5 是单管音响电路。发声元件采用 HTD—27A—35A 型压电片（不宜用直径 20 毫米的压电片）。晶体管采用 3DG14 型芝麻管。R_1 是用 HB 铅笔在压电片上涂成 47 千欧阻值后，用快干胶封固。电源电压在 1.5～6 伏。

2. 两管音响电路

图 1－5－6 是两管音响电路，可以把压电片 HTD 安装在塑料瓶盖里，表面钻出释音孔，制成助音箱。

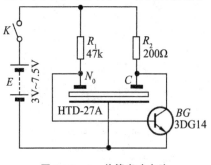

图 1－5－5　单管音响电路

五、模拟音响器

1. 单管模拟声响电路

图 1－5－7 是单管模拟声响电路，调节 R_1 和 C_1 可以改变音调，调节 C_3 可以改变声响的长短。晶体管可以选用 3AX31 或 3AX81，功率放大系数大于 60，B_1 用半导体收音机中输入变压器的初级线圈，B_2 用输出变压器的初级线圈。安装时可以暂时不要安装 C_3，等调节 R_1 确定好基本音调后，再接入 C_3。该电路的电源电压要在 3～6 伏。

2. 三管模拟声响电路

图 1－5－8 是三管模拟声响电路，适当选用电容器 C_1，可以获得不同的模拟声。

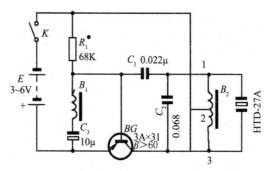

图 1-5-7　单管模拟声响电路

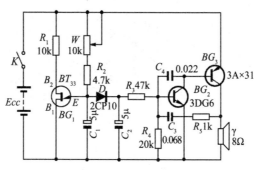

图 1-5-8　三管模拟声响电路

六、机械式警笛

图 1-5-9 是机械式警笛的结构图。它由一只电动机直接带动风叶转动，风叶安装在音盒里。音盒上面有进气孔，侧面有释音孔，下面还有一个小圆孔。由齿轮箱动力输出轴带动半圆凸轮，控制小圆孔的开闭，于是发出断续的鸣叫声。

七、简易电压指示器

图 1-5-10 是简易电压指示器，它体积小，重量轻，在外场使用非常方便。它可以安装在小塑料盒内，使用时把测试线头接在被测电源的正负极上，就可以由发光二极管 LED 的档位读到电源电压的数值。如果再加接一只二极管，还可显示交流电压值。

八、太阳能充电器

图 1-5-11 是一种适合野外场地使用的硅光电池充电设备电路。只要有光照，硅光电池就会自动对镍镉电池充电。二极管 D 是防止反充电而设置的保护元件，它的耐压值应大于硅光电池的最高输出电压，它的允许通过电流要大于最大充电电流。另外，还要注意使硅光电池的输出电压比镍镉电池的电压高 1～2 伏。整个设备可以安装在有机玻璃盒里。

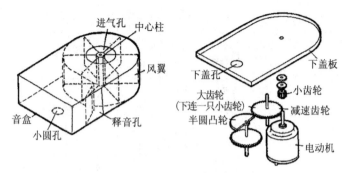

进气孔 中心柱

风翼

音盒

小圆孔 释音孔

下盖孔 下盖板

小齿轮

大齿轮
（下连一只小齿轮） 减速齿轮

半圆凸轮

电动机

图 1－5－9 机械式警笛

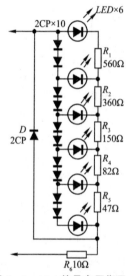

$LED×6$

$2CP×10$

R_1
560Ω

R_2
360Ω

R_3
150Ω

R_4
82Ω

R_5
47Ω

D
2CP

R_6 10Ω

图 1－5－10 简易电压指示器

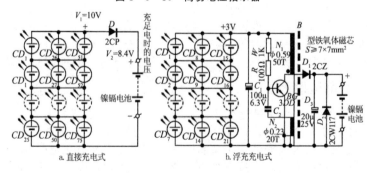

a. 直接充电式   b. 浮充充电式

图 1－5－11 太阳能充电器

20

九、欠压指示器

图 1－5－12 是欠压指示器电路，它是一种安装在电动车辆模型上的镍镉电池保护装置。当镍镉电池电压下降到不能正常工作时（小于 4.5 伏），发光二极管 LED 会自动亮起来，提示我们必须充电，否则会造成镍镉电池的损伤。

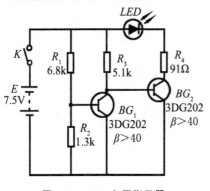

图 1－5－12　欠压指示器

这个电路的关键是调好 R_1 的阻值，这时电源电压是正常电压的 60%，

当 BG_1 截止、BG_2 导通时，发光二极管则发出红光告警。这个电路在电源电压 7.5 伏时，耗电只有 2.6 毫安。电源电压下降到 4.5 伏时，LED 发光，耗电大约 10 毫安。

十、简易电子调速器

图 1－5－13 是简易电子调速器，它用在动力电动机的速度控制，具有起动转矩大的特点。

晶体三极管 D 采用 2CP 型，用来保护 BG_4，晶体三极管的功率放大系数大于大于 60，集电极基极反向击穿电压不小于 12 伏。电位器采用直线形碳膜电位器或者绕线电位器，调节电位器可改变动力电动机的转速。

注：关于电子制作的知识，可以参考和本书同为一套的《青少年快乐手工作坊——日常电子小制作入门》或者其他电子制作类的书籍。

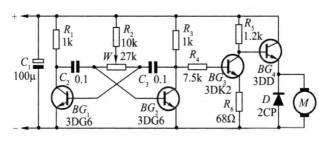

图 1－5－13　简易电子调速器

打开车辆模型制作的大门

本章是专门为那些没有接触过车辆模型制作的人而设的，从较简单的纸质车辆模型和拼装模型开始进入车辆模型制作的殿堂，能很快体会到车辆模型制作的快乐，更容易坚持下去。

简易纸质车辆模型

纸质车辆模型制作较为容易，模型既可以观赏，又可以进行小型比赛。取材方便，使用工具简单，非常适合车辆模型的入门者制作。本节介绍的纸质车辆模型制作成功后可以进行滑坡比赛。注意，图纸中未标明具体尺寸，可以自己根据材料设计大小。

1. 车壳的制作

首先按图2-1-1将图纸描在硬卡纸上，再用剪刀将沿轮廓线剪下，最后将图纸上的虚线翻折，如果折边前先用刻刀在虚线上轻划一下，折叠后能够保持线条美观。

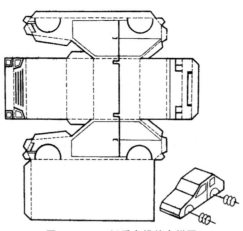

图2-1-1 纸质车模的车样图

2. 轴套

为了让纸质车模经久耐用，先要制作4只特制的铜铆钉。方法如下：找一块2毫米厚的环氧纤维板或者铝板、铁板均可，在上面钻4个3毫米的孔，把4只外径3毫米的空心铜铆钉穿过环氧纤维板，用铁锉刀锉去露出的铜铆钉，这样就做成了4只3毫米×2毫米的铜铆钉，如图2-1-2,这就是纸质车模的轴套。

在纸质车模的轴孔处用3毫米的钻头打洞，由于这4个轴孔关系到前后车轴的平行度，所以一定要打准。然后把改制过的铜铆钉穿过轴孔处，用一个锥度较大的冲头把铜铆钉铆在轴孔处，如图2-1-3。铆接的时候注意不能过紧或过松，只要铜铆钉在轴孔中不晃动就可以了。

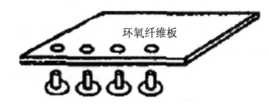

图2-1-2　纸质车模的轴套

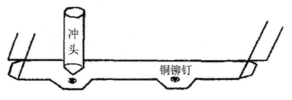

图2-1-3　纸质车模的轴套

3. 车轴和车轮

车轴采用直径2毫米的铁丝或钢丝（如自行车辐条），不能有弯曲的现象。可以将截下的自行车辐条放在玻璃板上轻轻地推一下，滚动较远的，属于比较挺直的车轴。反之，则需要另外挑选。

车轮可选用既轻又有硬度的材料自行制作，如钙塑板或废弃的塑料海绵拖鞋等。先钻好2毫米的中心孔，然后用一根2毫米的轴把4只车轮固定在一起进行细加工，如图2-1-4。这4只车轮的同心度越高，车的滑行性能越好。反之，车模则会出现左右晃动、滑行距离短等现象。

23

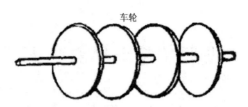

车轮

图 2—1—4

为了减少车轮与轴套之间的摩擦力，应在车轮内侧与轴套间放置一片内径 2 毫米的垫片，并在车轮与车轴相互黏接前，用手顺着轴的方向轻轻拉一拉，将轴向间隙调整至小于 0.3 毫米，然后用 502 胶水或百得胶把车轮与车轴黏接起来，注意不要把胶水渗到轴套中去。如图 2—1—5。

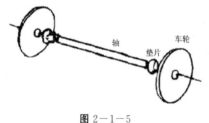

轴

垫片

车轮

图 2—1—5

4. 底盘横档

由于纸质车模的底盘比较软，前后轴孔的轴向会产生松动的现象，轴套与车轮之间的间隙会时大时小。而这个间隙关系到车模的滑行距离和滑行方向，因此，必须用较硬的纸张做两只横档，分别黏接在前后轴孔中，以增加底盘的刚性，具体制作如图 2—1—6。

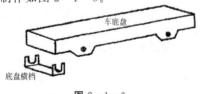

车底盘

底盘横档

图 2—1—6

5. 黏接

制作纸质模型时，一般采用糨糊、白胶水等一类黏结剂。这种方法不但费事，而且容易弄脏模型的外观。这里采用一种薄型双面胶，用它来黏接纸质模型既快又好。具体方法如下：

根据需要黏接部位的大小，剪下一块面积相仿的双面胶，先黏住纸模型的一面，然后轻轻撕去双面胶上的纸基，这样一层薄薄的双面胶基就留在黏接的地方。再把纸模型的另一面对准后用力按紧，如有露出的双面胶基，用剪刀修去即可。

纸质车模做好后，放在斜坡上任其滑下，观察车模的滑行轨迹。如果总是往左侧滑行，可以在起始滑行点把车头往右侧稍许偏移一些。假如车模滑行向左侧偏移得较多，就应把车模右侧前后轮的直径略微锉小一些。如果车模的滑行轨迹忽左忽右，就要检查车轮与轴套之间的间隙是否偏紧或偏松。

这里采用铜铆钉制成的轴套和用钢丝制作的车轴的摩擦系数是较小的。另外，还可以在它们相互接触的地方的上少许薄质润滑油，如缝纫机油等，进一步减少摩擦力。

如果做好的纸质车模滑行轨迹很好，但是滑行距离较短，可以用少许橡皮泥黏在车身上，增加车的重量。因为在相同的斜坡高度上，车模的重量越大，滑行的距离就越远。

车辆模型套件的组装

车辆模型殿堂里的乐趣有很多方面，对于缺乏模型制作经验的入门者来说，模型套件的组装还是比较容易的，并且组装工作也是非常有趣的一件事，它可以使你了解模型上每个部件的构造、原理和运作过程，还能让你体味到成功后的喜悦和满足。

车辆模型套件组装的一般步骤如下：

1. 阅读说明书

好的车辆模型套件一般都会附有一份图文并茂的说明书。在组装车辆模型之前，仔细地阅读说明书是一个很重要的步骤，而初学者往往容易忽略这一点。

说明书不但介绍了零件的编号、安装的步骤，还给出了一些重要的提示和说明。这些提示和说明出自编写说明书的设计、研究模型车的专家，他们的建议和提示不但会帮助你少走弯路，顺利地完成组装工作，还能使你学到许多有关车辆模型组装、调校的技巧和经验。所以，一定要耐心、仔细地阅读说明书。

在阅读说明书时，不要只留意说明书中的图示，图示旁的文字说明通常是关于组装的一些细则或注意事项，最好细读。现在的车辆模型很多都是"舶来品"，说明书也多采用英文。但是这些文字说明的单词都比较简短，翻翻字典一般都能解决，或者找其他有经验的人帮忙。总之，不要急于组装，多花时间仔细研究说明书，很有好处。

2. 组装前的准备

读完了说明书，你就要按说明书的要求去做准备工作了。如果能在一开始就养成良好的习惯，重视准备工作的话，以后就会避免或减少许多麻烦的发生。

首先把组装时所必需的各种工具、黏结剂、润滑油等等，都要准备齐全，尽量避免因为缺少某件工具或某个元件而不得不暂停组装工作。接着要准备一个尽量大一点的工作台，以便摆放零件、工具等。工作台上最好再铺上一条毛巾或一小块地毯，在组装过程中，可以把一些细小的螺丝、轴承等零件放在上面，这样可以避免零件滑落、丢失。或者你可以准备几个大小不一的盒子，将尚未用到的零件等暂时放到里面，这样可以使你的工作台井井有条，也使你更容易找到所需的零件而节省时间。

3. 修整零件，组装模型

做好准备工作后，就可以开启包装袋，组装车辆模型的各个部件了。

生产车辆模型套件的厂家通常是按模型的结构将零件分袋包装，

每个包装袋都有编号。例如：将模型车变速箱部分的零件统一装入一个包装袋，编写为"A"……在你组装模型的时候，不要一下子把包装袋都打开，可按说明书的顺序，打开一个包装袋，组装好一个部件后，再打开另一个包装袋进行组装。通常的顺序是：前差速器→减速箱→前悬挂→中间传动部分→后差速器→后减速箱→后悬挂→遥控装置→车壳。

一部模型车通常都有上百个零件，其中有许多是注塑成型的塑料制品。为了制造方便，常常是许多个零件排布在一个模具上同时制出。这样的零件就要用小刀或剪钳一件一件切下来，并且把残留的一些毛边、毛刺用刀小心地修整。尤其是液压避振器内的活塞片，毛边修整的好坏将直接影响到模型车的行驶性能。注意：不要简单地用手把零件拧下，这样有可能损坏零件。

在组装的过程中，大大小小的螺丝是少不了的。当然，这些在套件中都已齐备。你要注意的是：不同的部位使用的螺丝可能不同，有时仅仅是长度的不同，如12毫米和15毫米的螺丝，组装时就很容易搞错。有些车辆模型爱好者就是因为不小心装错了螺丝而弄坏了零件。通常，用在塑料零件上的都是粗牙的自攻螺丝，而用在金属零件或拧到螺丝帽上的都是细牙的普通螺丝。

液压减振器和差速器都是很重要而且制作难度较大的部件。初学者要严格按说明书要求做。

4. 美化车壳

绝大多数的车辆模型套件都提供了一个透明的塑料车壳，需要自行喷漆、美化。喷漆前首先将车壳的外形修理好，去掉无用的边角，再用温水及洗洁精洗净、晾干，并用胶纸遮盖住车壳中不想喷漆的地方（如车窗），这时就可以喷漆了。最好使用专用的车壳喷漆，普通的快干漆喷在塑料车壳上很容易脱落。

5. 组装后的检查

模型车组装工作完成后，不要急于试车，应对车子的各部分进行一番检查。其基本要求是：传动部分要轻松顺畅，容易转动，不能有卡住或迟滞现象；悬挂臂、转向臂的动作也要灵活自如，准确无误；齿轮间的配合间隙要合适，过松容易打坏齿轮，过紧又会增加传动阻力，白白浪费动力。还有一点要注意：固定电机（或内燃机）的螺丝一定要上紧，并要经常检查，一旦在行驶中松动就会造成零件的损坏。

橡筋动力车辆模型

橡筋动力车辆模型是动力车辆模型中最简单的品种。当把橡筋旋绕上紧的时候，橡筋发生扭曲和拉伸形变，储存弹性势能。一旦弹性势能释放，就能驱动车辆模型行驶。

橡筋动力车辆模型取材方便，易于制作，易于调整，是一种深受初学者喜爱的车辆模型。橡筋动力装置虽然可以多次使用，但每次工作时间都较短。因此这种车辆模型不能安装复杂的变速机构和控制设备，是一种简单的车辆模型。

橡筋束简介

橡筋动力起始扭力大，扭力随橡筋的松弛而逐渐减小。因此，只有采用加速传动机构，弹性势能才能缓慢地释放出来，使车辆模型在一定的时间里稳定地行驶。

由于橡筋容易疲劳和老化，要想设计制作一辆比较理想的车辆模型，就必须对橡筋的特点和性能有比较全面的了解。

一、橡筋束的性能指标和测试

橡筋束在旋绕上紧的过程中，产生拉伸形变和扭曲形变，弹性势能储存起来。弹性势能一旦释放，就能驱动车辆模型行驶。一定规格的橡筋，能储存弹性势能的多少同很多因素有关，其中伸长倍数、变形率和最大可绕转数是制作车辆模型必须着重考虑的指标。

1. 橡筋束的伸长倍数

伸长倍数通常用字母 k 表示，它是橡筋可能拉到的最大长度 l 和原长 l_0 的比：

$$k = \frac{l}{l_0}$$

橡筋束的伸长倍数可以通过试验得到。找一段长 $100 \sim 200$ 毫米的橡筋，记录它的原长，接着把它预拉几次，然后用力把它拉长，直到不能再拉长为止。橡筋最大伸长后的长度同原来长度的比就是橡筋的伸长倍数。橡筋动力车辆模型一般选用伸长倍数 $7 \sim 9$ 倍的多股橡筋束。

2. 变形率

变形率通常用字母 δ 表示，它是把橡筋拉到最大限度后立刻取消外力，五分钟后测得的伸长量 Δl 和原长 l_0 的百分比：

$$\delta = \frac{\Delta l}{l_0} = \frac{l_0{}' - l_0}{l_0}$$

式中 l_0 是橡筋原长，$l_0{}'$ 是拉到最大限度后撤去外力五分钟时测得的橡筋长度。

27

3. 橡筋束的最大可绕转数

正确地确定橡筋束的最大可绕转数，对于保证模型有最大的航行距离和防止橡筋断裂是十分重要的。橡筋束的最大可绕转数同橡筋的伸长倍数、橡筋束的横截面积、橡筋的预先拉伸程度以及橡筋束的长度都有关系。

（1）橡筋束的横截面积

橡筋束的横截面积取决于橡筋的根数和每根橡筋的横截面积。常用橡筋的横截面积有1毫米×1毫米、1毫米×2毫米、1毫米×5毫米。

（2）橡筋束的预拉程度

在旋绕橡筋束之前，预先把橡筋束拉伸到原长的几倍，能够增加橡筋束可绕转数。因为伸长后橡筋束的长度增加而直径减小了。

（3）确定橡筋束的最大可绕转数

表3—1—1给出不同横截面积、不同伸长倍数、不同预先拉伸程度的1米长橡筋束的最大可绕转数。

表3—1—1　1米长的橡筋束最大可绕转数

预先拉伸倍数	横截面积（毫米²）	伸长倍数				
		3	4	5	6	7
没有预谋拉伸	16	260	420	580	750	960
	24	220	340	480	625	785
	32	190	295	415	524	685
	40	170	265	370	495	610
预先拉伸到2倍	16	300	485	680	890	1 120
	24	260	395	555	725	915
	32	225	345	485	635	795
	40	195	310	430	565	710
预先拉伸到2.5倍	16	345	585	790	1 035	1 300
	24	300	460	645	845	1060
	32	260	400	560	735	925
	40	230	360	500	660	825
预先拉伸到3倍	16		580	825	1 080	1 350
	24		480	670	880	1 110
	32		420	585	770	965
	40		375	520	685	865

车辆模型制作入门

CHELIANGMOXINGZHIZUORUMEN

28

对于任意长度橡筋束的最大可绕转数通常用字母 n 表示，它可以由下面经验公式算出：

$$n = 0.283l \sqrt{\frac{k^3}{s}}$$

式中，l 是以厘米为单位的橡筋长度的数值，k 是橡筋的伸长倍数，s 是以平方厘米为单位的橡筋束总截面积的数值。

二、硫化对橡筋性能的影响

制作橡筋的橡胶，是在天然橡胶中加入适量的硫磺，经过硫化处理而制成的。硫化使天然橡胶原来的线型结构部分地转变成网状结构。硫化越充分，转变成网状结构的部分就越多，橡胶的弹性就越小，硬度就越大。硫化处理不仅能改变橡胶的机械性能，而且能减少温度对它的影响。

橡筋或其他橡胶制品，随着使用和存放时间的延长会出现一个自然的硫化过程。这过程大致分成欠硫、正硫和过硫三个阶段。欠硫橡筋抗拉伸力差，发脆易断；正硫橡筋的弹力和硬度适中，是做车辆模型动力的最佳阶段；过硫橡筋已经处于老化阶段，伸长倍数减少，发脆易断。

经验表明，供车辆模型做动力的橡筋，最佳使用期一般为 1～2 年。

对储存待用的橡筋，应该定期测试，检查它们的 k 值和 δ 值是不是发生了明显的变化，一旦发现有较大的差异，要分析原因，决定是否可以继续使用。如果变形率小于 17％，说明橡筋已经从欠硫向正硫转化了。这时候橡筋抗拉伸力最大，正是橡筋使用的最佳时期。如果变形率大于 60％，说明橡筋从正硫向过硫转化。橡筋老化到这种程度，只能改作其他用途。

从橡筋的最大可绕转数的变化情况，也可以判断出橡筋的硫化程度。如果橡筋实测的最大可绕转数达到计算 n 值的 90％～95％，而且没有发现严重的断裂现象，这表明实际测得的就是这股橡筋束的最大可绕转数，橡筋束正处在正硫阶段，是发挥性能的最佳时期。如果橡筋的实际绕转数，只有计算 n 值的 70％左右就出现刀割一样的断裂现象，说明橡筋已经过硫老化。这种老化了的橡筋不能在车辆模型竞赛中使用，但仍然可以供初学者试车使用，不过绕转数要根据具体情况相应减少一些。

三、橡筋束的选择和制作

橡筋动力车辆模型常选用截面积 1 毫米×1 毫米或 1 毫米×2 毫米的橡筋束。橡筋束的重量和长度，要根据车辆模型的具体情况而定。车辆模型竞赛中，一般对橡筋束的重量和有效工作长度做出明确规定。我们选用橡筋束的实际长度，应该比有效工作长度短 5％～8％，因为这样才能使橡筋束从最大可绕转数到完全恢复松弛状态，橡筋的弹性势能得到充分释放，推动车辆行驶最大的距离。选用橡筋束首先要考虑实际测试的三项指标是否理想，还要看它是否处处均匀，是否手感抗拉伸力强，是否没有毛刺。

橡筋束的制作是在木板上钉两

枚钉子，两钉之间的距离等于所需橡筋束的长度。沿两钉外围绕上成双数的橡筋，橡筋要稍放松些。橡筋的两端头要互相叠起来，并在橡筋束端部于拉伸状态下，中间扎上线或胶带。然后再做成钩环，这种钩环应比较牢固，如图 3－1－1 所示。有时，在橡筋束的两端，用直径为0.8毫米左右的钢丝做成两个小环，使橡筋发动机在弯曲的地方不易折断，如图3－1－2所示。

橡筋束选定制作后，结头要打牢。在使用前务必要用中性肥皂，把附在橡筋表面的滑石粉和油污等清洗干净，再用清水冲洗，然后放置在阴凉通风处晾干，涂上蓖麻油后备用。

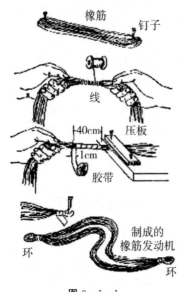

图 3－1－1

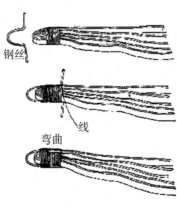

图 3－1－2

四、橡筋束的使用

在车辆模型上安装好橡筋束之后，正式使用（或比赛）前要试绕。用自制的橡筋旋绕钩（可用1∶10或1∶20的手摇钻改制），钩在橡筋束固定环内，将橡筋束拉长2～3倍，然后，在橡筋束拉长的情况下，分别围绕 n 值的 50%、70% 和 80%。要注意做到慢绕慢放，随时观察橡筋是否出现断裂或毛刺。如果情况正常，或者只出现极少数的毛刺，把毛刺剪去就可以正式使用了。

在旋绕橡筋束之前，要把橡筋束拉长 3～4 倍。旋绕到 n 值的 60%，橡筋束全部形成麻花状，要逐渐缩短橡筋束的拉伸长度，直到 n 值的 90% 为止。旋绕好的橡筋束，很容易脱钩，发生伤害事故，要仔细地把橡筋固定环放入挂钩中，才能将旋绕橡筋的工具取出。旋绕橡筋束最好由两个人来完成。两个人面对面站立，一个人捏住驱动轮，以保证弹性势能的储存，另一个人旋绕。

使用橡筋束时要注意三点：第一，橡筋束应该随用随绕，不允许长时间地处在拉伸和旋绕的紧张状态，以免橡筋束疲劳而失去弹性；第二，不能使橡筋束黏上砂粒或其他赃物，因为这些东西在旋绕橡筋的过程中能像小刀一样割断橡筋束；第三，橡筋束不能接触汽油和煤油，以免橡筋变质失去弹性。

五、橡筋束的贮藏

橡筋应撒上滑石粉，贮藏在具有室温的玻璃缸内，用塞子盖紧。使用时抖掉滑石粉，放在温肥皂水中洗一下，抖掉水，吹干，涂上润滑用的甘油或蓖麻油备用。橡筋长时间受甘油或蓖麻油的作用是有害的。因此，使用后必须及时从模型中取出，并用肥皂水洗净，吹干，涂上滑石粉，贮藏起来，这样可延长橡筋束的使用寿命。

另外，橡筋束的性能受到温度的影响也比较大，一般要保存在25℃以下的环境里，避光防热，切忌高温。在炎热的夏天，备用的橡筋束要放在广口保温瓶中储存，使用前才取出。

橡筋动力急救车

本节介绍的橡筋动力急救车是个非常简单的模型，很适合初学者制作。

按照图3－2－1的尺寸，在卡片纸上剪取车身、立轴架各一片，水平轮、摩擦轮、信号灯各两片，车轮剪八片（每两片黏合成一个车轮）。在图上有网线的地方，用胶黏贴上同样大小、形状的桐木片（厚约1～2毫米）。

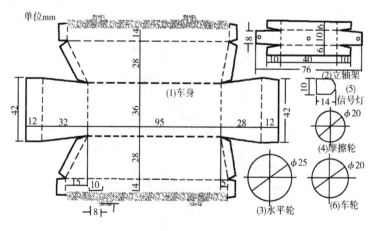

图 3－2－1

按照图3－2－2，取一段长70毫米、直径1毫米的铅丝，一端穿过一个水平轮的圆心，与另一个水平轮黏合。再穿过立轴架的中心孔，使立轴架能在铅丝上自由转动。把车身、立轴架需要黏接的部位折好。

按照图3－2－3，用糨糊将车身黏成车壳，将立轴架黏在车子的前轮轴孔处（两个圆孔要严格重合）。铅丝的一端伸出车子顶部，弯成"7"字形，将信号灯两片相对地黏在上面，并分别涂上红绿颜色，作为信号灯。按照急救车外形，在车身上画门、窗、红十字等，并涂上适当的颜色。

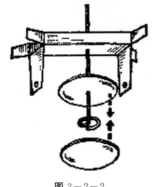

图3－2－2

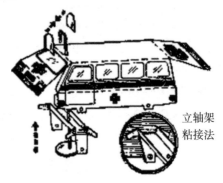

立轴架
粘接法

图3－2－3

安装车子的前后轮时，先把两片（4）黏成一个圆片，作为摩擦轮穿入前轴。在摩擦轮右边轴上套一根细竹管，安装橡筋用。安装橡筋一定要照图3－2－4示的方法，若方向不对，橡筋就卷不到后轴上。为了保持摩擦轮及竹管的位置固定，不使左右两边车轮摇晃，可以裁取几段直径略大于车轴的空心塑料管，按图3－2－4位置分别套在车轴上。

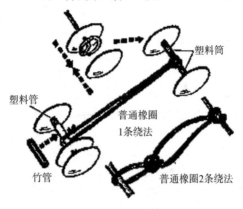

塑料筒

塑料管

竹管

普通橡圈
1条绕法

普通橡圈2条绕法

图3－2－4

急救车做好以后，一手抓住车身，一手拨动后轮，如图 3-2-5，卷紧橡筋。然后，往地上一放，车子便向前驶去。车子在行驶过程中，圆片（4）的边缘在地面摩擦力的作用之下，带动圆片（3）转动，（3）又带动（5）转动，使信号灯不断地变换方向。这种装置，卷一次橡筋可以跑六七米远，如果想使车子卷一次橡筋跑更长的路程，可以参照图 3-2-6，在前轴上装一个皮带轮。

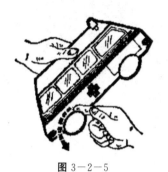

图 3-2-5

皮带轮　　　后轴

图 3-2-6

单级橡筋动力车辆模型

单级橡筋动力车辆模型是只用一股橡筋束做动力的车辆模型，本节介绍两种常见的单级橡筋动力车辆模型。

一、轮轴式传动橡筋动力车辆模型

单级轮轴式传动橡筋动力车辆模型的动力传递滚轮通过一根尼龙牵引线同前车轴连接起来传递动力。这种传动机构中的传动滚轮和车轴不直接接触，是一种"松"啮合。

这种动力传递机构比摩擦轮传动、皮带传动和齿轮传动更简单，是一种容易制作，容易调整，特别适合初学者制作的车辆模型。

1. 结构原理

这辆车辆模型如图 3-3-1 所示，它由前轮、前桥、后轮、后桥、传动机构、底盘等组成。前轮是驱动轮，后轮是被动轮。前桥由前轴支架和前轮轴组成，它的作用是联结前轮和底盘。后桥由后轴支架和后轮轴组成，它的作用是联结后轮和底盘。底盘把车辆模型各个部件连成一体。

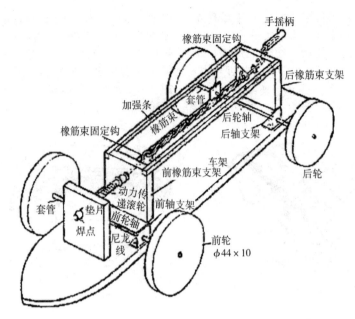

图 3-3-1 单级轮轴式传动机构橡筋动力车辆模型实体图

传动机构由动力传递滚轮、前轮轴、尼龙线、橡筋束、手摇柄、前后橡筋束支架等组成。尼龙线的一端固定在前车轴上，另一端固定在动力传递滚轮上，在行车之前把尼龙线缠绕在前车轴上。用手转动手摇柄，使橡筋旋紧，橡筋的扭力就会使动力传递滚轮旋转，尼龙线逐渐缠绕到动力传递滚轮上，如图 3-3-2 所示。这样就能牵引前车轴旋转，使车辆模型向前行驶。

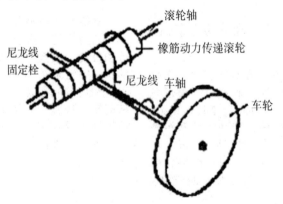

图 3-3-2 轮轴式传动机构动力传递示意图

2. 零部件的选用和制作

图 3—3—3 所示是部分零部件的材料和尺寸。

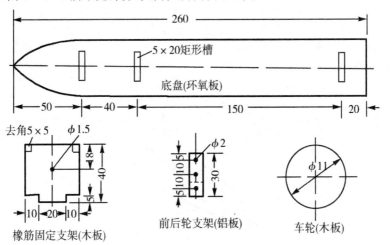

图 3—3—3 部分零部件的材料和尺寸

（1）前后轮的选用

共 4 个，采用直径 44 毫米、厚度 10 毫米的玩具车轮，也可以用木板自制。

（2）前后桥的制作

前后轴支架 4 块，可以用铝板制作。前后轴共两根，采用直径 3 毫米、长 80 毫米的钢丝制作。在车轴的两边各焊上一片定位垫片。焊接之前，要刮去垫片和车轴焊接处的氧化层，然后用氯化锌焊剂从垫片的外侧焊接。先把一边的垫片焊牢，然后套入支架，再焊上另一边的垫片，如图 3—3—4 所示。

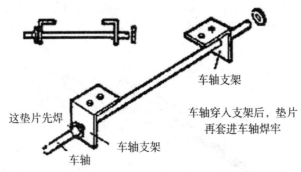

图 3—3—4 车轴定位垫片的焊接

（3）橡筋固定支架的制作

包括滚轮支架和前后橡筋束支架，共3块，用厚5毫米的木板制作。它们的下部制成凸榫，用来安在底盘上；上部去掉两个角，用来黏接加强条。

（4）底盘的制作

用5毫米厚的环氧板制作，按图3－3－3所示，开三个槽口。

（5）动力传递滚轮的制作

可以用圆木棒或者圆塑料棍制作，也可以用牛皮纸制作。用牛皮纸制作的方法是这样的：找一根直径1.5～2毫米的钢丝做滚轮轴，把一张宽35毫米、长600毫米的牛皮纸黏卷在钢线上，成为直径约10毫米的纸质滚轮，如图3－3－5所示。等胶水干涸后，在滚轮的一端钉上大头针，作为固定尼龙线的固定栓。

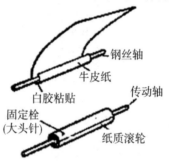

钢丝轴
牛皮纸
白胶粘贴
传动轴
固定栓
（大头针）
纸质滚轮

图3－3－5　纸质滚轮的制作

（6）手摇柄的制作

可以用直径2.5毫米的钢丝弯成。手摇柄轴的一端，套入外侧垫片，并在合适的位置上把外侧垫片焊牢在轴上。再穿过后橡筋束支架

轴孔，套入内侧垫片，并且把内侧垫片焊牢。然后把手摇柄轴长出的部分弯成环形钩，用来挂橡筋束。另一端安上木柄，如图3－3－6所示。这样摇动手柄就可以旋绕橡筋束了。

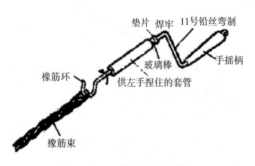

垫片　焊牢　11号铅丝弯制
玻璃棒
手摇柄
橡筋环
供左手捏住的套管
橡筋束

图3－3－6　橡筋旋绕手摇柄

另外，还要做一个止动销，并且在后橡筋束支架上钻一个止动销孔。橡筋束上紧后，把止动销插入止动销孔中，就能阻止手摇柄倒转。

3. 整体组装

（1）车轮的安装

车轮和车轴要紧固连接。如果车轮轴孔径略小于车轴直径，可以在车轴两端涂些环氧树脂胶水，直接把车轴打入车轮轴孔中。如果车轮轴孔径同车轴直径差不多，可以用锤子敲偏车轴两头，涂些环氧树脂胶水，然后把车轴打入车轮轴孔中。

（2）前后桥的安装

在底盘上适当位置钻 8 个孔，为了便于调整行驶方向，孔可以钻得稍大一些。然后用 8 对直径 2 毫米的螺丝螺母把前后轴支架固定在底盘上。

（3）橡筋束支架的安装

把滚轮支架和前后橡筋束支架的底部凸榫涂上白胶水，依次压入底盘的矩形槽中。然后在前后橡筋束支架之间黏结加强条，承受橡筋束的纵向拉力。

（4）传动机构的安装

滚轮安装在前橡筋束固定支架和滚轮支架之间。安装的时候，滚轮轴前端穿过滚轮支架，并在它上面套入活动垫片、滚珠、固定垫片，用焊锡把固定垫片和滚轮轴前端头焊牢。滚轮轴的后端，先穿过活动垫片、滚珠、活动垫片，再穿过前橡筋固定支架的轴孔，然后把滚轮轴后端弯成环形钩，用来安装橡筋束，如图 3-3-7。

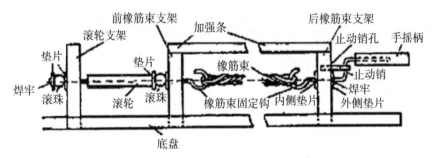

图 3-3-7　动力传递滚动的安装

尼龙线的一头扎紧在前车轴上，并用环氧树脂胶水黏牢。等胶水干固后转动前轮使尼龙线缠绕在前车轴上。尼龙线在另一头扎在滚轮的固定栓上。

4. 试车和调整

试车要在较大的场地上进行，并且要事前清除场地上的障碍物，以免撞坏车辆模型。最好两个人配合，一个人捏住动力传递滚轮，如果前轮和前轴紧固得比较好，也可以捏住前轮；另一个人左手握住后橡筋束支架，右手顺时针摇动手摇柄。为了保护橡筋束，当橡筋束上紧到最大可绕转数 n 值的 50% 左右就插上止动销。然后把车辆模型平放在地上，四个车轮要同地面接触好，对准前进方向后松开手，车辆模型就会向前行驶。

如果车辆模型向后倒退，那就是尼龙线在前轴上的缠绕方向反了，只要改变缠绕方向就可以了。如果车辆模型走不直，调整一下前后轴支架就可以解决。如果调整不过来，可以扩大固定支架的孔径，直到纠正过来为止。如果左右两边的轮子直径不等也走不直，这就需要换轮子。

5. 换微型轴承

为了增加车辆模型的行驶距离，可以在滚轮支架和前橡筋束支架的轴孔中嵌装微型轴承。轴孔径最好比轴承外径稍小一些。为了嵌装更牢固，在嵌装之前要在轴承外面涂一点 502 胶水，但要注意 502 胶水不要滴在轴承的钢珠之间。

6. 比赛

橡筋动力车辆模型一般只进行竞距比赛，比赛场地如图 3－3－8 所示。比赛规则可以根据具体情况制定，下面列出适合图 3－3－1 车辆模型的比赛规则，供参考。

①参加竞赛的橡筋动力车辆模型，车身长度不得超过 260 毫米。

②橡筋重量不得超过 2 克。

③参加竞赛的橡筋束，赛前必须到裁判组过秤封存，竞赛者进入

场地后在裁判员的监督下才能启封使用。

④竞赛者进入比赛场地后有三分钟准备时间，超过三分钟不能按令起跑，这一轮的比赛不记成绩。

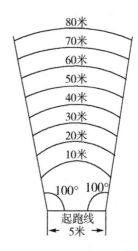

图 3－3－8　车辆模型竞距比赛场地

⑤在发令之前，车头应停在起跑线的后面，如果放在起跑线的前面算犯规。两次犯规，这一轮的成绩无效。

⑥赛车跑出规定的区域，不记成绩。

⑦赛车的行驶距离是从赛车到达的最远端到起跑线之间的距离。

二、齿轮传动橡筋动力车辆模型

单级齿轮传动橡筋动力车辆模型是用盆齿轮和后轴齿轮组成加速传动机构，使橡筋的弹性势能缓慢释放，驱动车辆行驶较长的距离。

为了提高机械效率，在盆齿轴上安装了微型轴承。这种车辆模型

采用管状车身，车型简洁别致，橡筋束又能得到保护，不易黏上砂粒和污物。在前桥上开有腰形槽，很容易调整行车方向。这种车辆模型结构简单、运转灵活、调整方便，是一种比较容易普及的车型。

1. 结构原理

齿轮传动像筋动力车辆模型的结构如图3-3-9所示，它由前轮、前桥、后轮、后桥、传动机构、车身、底盘等组成。

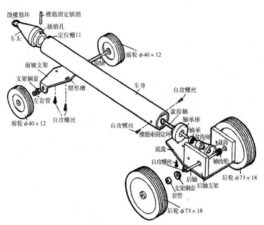

图3-3-9　齿轮传动像筋动力车辆模型实体图

前轮是被动轮，后轮是驱动轮。前桥由前轴支架和前轮轴组成，它用来连接前轮和车身，还用来调整行驶方向。后桥由后轴支架和后轮轴组成，它用来连接后轮和底盘。底盘把车身、后轴支架、传动机构连接起来。车身又把底盘和前桥连接起来。车头是橡筋束旋绕装置。

传动机构由盆齿轴、轴承座、盆齿轮、轴齿轮、橡筋束等组成。橡筋束上紧后带动盆齿轮旋转，通过盆齿轮和轴齿轮的啮合变换方向，驱动车辆模型向前行驶。

2. 零部件的选用和制作

（1）前后轮的选用

前轮采用直径40毫米、厚度12

毫米的玩具车轮。后轮采用直径73毫米、厚度18毫米的玩具车轮。但是有一个原则，后轮的宽度要大于前轮的宽度，这是因为宽度较窄的后轮容易出现打滑的现象。

（2）车身的制作

采用直径25毫米、长350毫米的塑料管制作。在车身头的正下方，离端面5毫米和25毫米处各钻一个2毫米的小孔，用来固定前桥和车身。在车身头上方端面处，用锉刀锉一条宽3毫米、长4~5毫米的定位槽口，用来插入橡筋固定插销。在车身尾的正下方，离端面5毫米和30毫米处各钻一个2毫米的小孔，用来固定底盘和车身。车头可以用塑料棒车削制成。

（3）前后桥的制作

前轴支架用铝板制作，按图3-3-10所示的虚线弯成形。然后把前轴、前轮，包括支架铜套、套管等装好。后轴支架用塑料板制作，按图3-3-10所示打好轴孔。轴齿轮和后轴要紧固连接，可以在轴齿轮和后轴上钻一个直径1毫米的小孔，先在小孔中滴入一滴502胶水，再插入一根直径1毫米的钢丝小销子。在后轴的两端依次套入后轴支架、支架铜套、套管，就可以安装后轮。后轴和后轮要紧固连接，连接的方法可参考上一节。

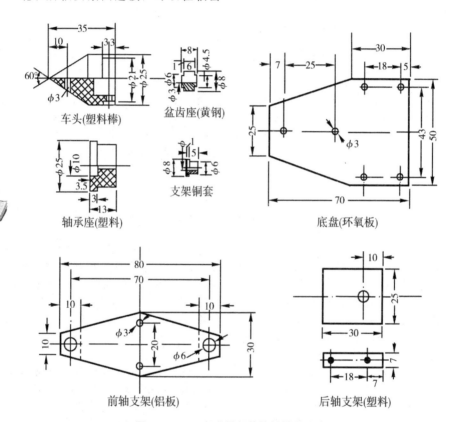

图3-3-10　部分零部件的材料和尺寸

（4）传动机构的制作

盆齿轮采用模数0.5、齿数36的玩具盆齿轮，轴齿轮采用模数0.5、齿数16的玩具轴齿轮。盆齿座用黄铜制作。首先把盆齿轮和盆齿座铆接牢固。铆接的方法如图3-3-11所示，把盆齿座平放在铁砧上，盆齿轮轴孔套入盆齿座凸缘上，用冲子把凸缘冲开。注意盆齿轮面要同盆齿座轴线垂直。

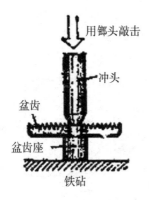

图 3－3－11　盆齿轮和盆齿座的铆接

盆齿轴采用直径 3 毫米、长 29 毫米的销子钢或者钢丝制作。在盆齿轴的一端钻一个直径 1.5 毫米的小孔，穿入钢丝环，用来固定橡筋束。盆齿轴的另一头穿过轴承，再打进盆齿座。盆齿轴和盆齿座要紧固连接。

3. 整体组装

（1）前后桥的安装

用 2 个直径 3 毫米的自攻螺丝把前轴支架固定在车身上，前桥就装好了。为了调节行驶方向，可以预先把前轴支架的固定孔锉成腰形槽。用 4 个直径 3 毫米的自攻螺丝

把后轴支架固定在底盘上，后桥就装好了。

顺便提一下，在车辆模型中，自攻螺丝使用得比较多。在塑料等非金属材料上钻一个比自攻螺丝小一些的孔，用力把自攻螺丝旋进去，就能在孔中攻出螺纹，可以直接用来紧固零部件。

（2）橡筋束的安装

这种车辆模型采用 5 克橡筋束。橡筋束的一头系在盆齿轴的橡筋束固定环里，另一头穿过车身管，用橡筋固定插销固定在车头上。由于橡筋的拉力，自然就把车头、车身、轴承座、盆齿轮等连成一体。

（3）传动机构的安装

用 2 个直径 3 毫米的自攻螺丝把车身固定在底盘上。要注意三点：第一，盆齿轴必须同后轴相互垂直，并且在同一个平面内，如图 3－3－12 所示；第二，盆齿轮要啮合在轴齿轮的中间部位；第三，盆齿轮和轴齿轮的啮合间隙要小，因为橡筋束上紧后会产生纵向拉力，容易使它们脱离。

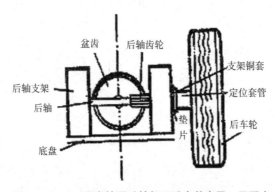

图 3－3－12　盆齿轴同后轴相互垂直并在同一平面内

4. 试车和调整

旋转橡筋最好两个人配合，一个人捏住后轮，另一个人旋绕橡筋束。旋绕橡筋束可以用手摇钻，也可以用自制的手摇柄。旋绕之前，把车头向前拉，使橡筋固定插销离开定位槽口。旋绕到最大可绕转数 n 值的 50%试车。

如果行驶不直，旋松前轴支架后面的固定螺丝，适当调整前轴支架。如果盆齿轮和轴齿轮的间隙过紧或过松，可以把底盘上的 6 个孔锉成纵向椭圆形孔，这样车身和后轴支架都可以前后微调。这时候，自攻螺丝需要加垫圈，否则不容易上紧。如果盆齿轴和后轴不在一个平面内，可以在后轴支架和底盘之间减垫圈来调整。

5. 零件代用

如果微型轴承找不到，可以用玻璃滚珠代替，这时候轴承座成了滚珠座。并且要在玻璃滚珠的两端加垫片，如图 3－3－13 所示。

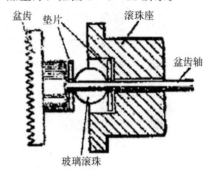

图 3－3－13　用滚珠代替微型轴承

车头可以用木塞手工削制。先在木塞中央钻一个小孔，把木塞锉成流线型，黏上制动块，用 1 毫米钢丝穿入小孔中作固定橡筋轴，并弯成钩子形，制作过程如图 3－3－14 所示。使用木塞车头，在车身前端的管口内要相应黏上一小块弓形塑料，以便同制动块配合，车头放进车身管后能起制动作用，阻止车头回转。

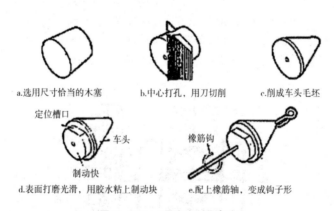

a.选用尺寸恰当的木塞　　b.中心打孔，用刀切削　　c.削成车头毛坯

d.表面打磨光滑，用胶水粘上制动块　　e.配上橡筋轴，变成钩子形

图 3－3－14　用木塞制作车头

6. 比赛

这种车辆模型可以用来做 30 米直线竞速比赛。比赛在长 30 米、宽 7 米的场地进行，共分 7 个等级，如图 3－3－15 所示。比赛规则如下：

①参加竞赛的车辆模型长度不得超过 400 毫米。

②橡筋重量不得超过 5 克。

③如果车头不能到达终点线或者跑出规定区域的不记成绩。

④发令之前，车头冲出起跑线算犯规，两次犯规这轮成绩不算。

⑤车辆模型到达终点得分区的分数除以行驶时间（从起跑线到终点线所用时间）作为这一轮得分。

⑥如果车辆模型撞到分标志杆上，按分数高的一侧记分。

⑦每辆车跑三轮，三轮得分的和计算总成绩，总分高者名次在先。

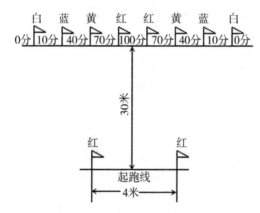

图 3－3－15　30 米直线竞速场地

二级橡筋动力车辆模型

二级橡筋动力车辆模型采用两束橡筋作动力，运用前后两只变速箱传递动力。它的机械结构复杂一些，但它行驶的距离却比单级橡筋动力车辆模型长得多。

1. 结构原理

由于橡筋最大可绕转数同橡筋的长度成正比，在车身长度不变的情况下，橡筋的级数越多，它的有效工作长度就越长，最大可绕转数也就越多。

图 3－4－1 是二级橡筋动力车辆模型实体图，车头装有前齿轮箱，车尾装有后齿轮箱，套在 4 只滑轮上的两股橡筋束把前后两只齿轮箱连接起来。它的动力传递过程如图 3－4－2 所示。两束动力橡筋通过前齿轮箱两个齿轮的啮合串联起来。旋紧橡筋束，带动盆齿轮纵向转动，盆齿轮再带动后轴齿轮横向转动，从而驱动后轮前进。

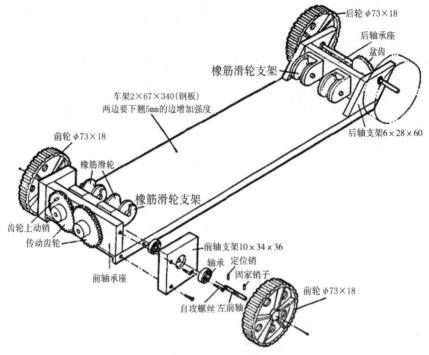

后轮 $\phi73\times18$

后轴承座

盆齿

橡筋滑轮支架

车架 $2\times67\times340$（钢板）
两边要下翘5mm的边增强度

前轮 $\phi73\times18$

橡筋滑轮

橡筋滑轮支架

后轴支架 $6\times28\times60$

齿轮上动销

传动齿轮

前轴承座

前轴支架 $10\times34\times36$

轴承　定位销

固家销子

自攻螺丝　左前轴

前轮 $\phi73\times18$

图3—4—1　二级橡筋动力车辆模型实体图

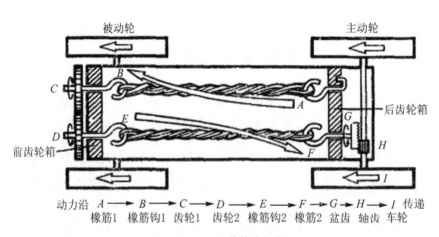

被动轮

主动轮

C

B

A

后齿轮箱

D

E

G

H

前齿轮箱

F

I

动力沿　$A \longrightarrow B \longrightarrow C \longrightarrow D \longrightarrow E \longrightarrow F \longrightarrow G \longrightarrow H \longrightarrow I$　传递
　　　　橡筋1　橡筋钩1　齿轮1　齿轮2　橡筋钩2　橡筋2　盆齿　轴齿　车轮

图3—4—2　二级橡筋动力过程

2. 零部件的选用和制作

(1) 前后轮的选用

前后轮均采用市售直径 73 毫米、厚度 18 毫米的玩具车轮。

(2) 车架（底、盘）的制作

车架采用厚 2 毫米、宽 67 毫米、长 340 毫米合金铝板制作。两侧各下弯 5 毫米，以增强机械强度。

(3) 前桥的制作

两块前轴支架采用厚 10 毫米、宽 34 毫米、长 36 毫米硬质塑料板制作。在中心处，钻直径 6.8 毫米的轴承安装孔。四个轴承采用外径 7 毫米、内径 3 毫米的微型轴承。两根前轮轴采用直径 3 毫米、长 30 毫米的销子钢或钢丝制作。

(4) 后桥的制作

两块后轴支架采用厚 6 毫米、宽 28 毫米、长 60 毫米的硬质塑料板制作。

在它上面钻好轴承安装孔，车轴用一根直径 3 毫米、长 98 毫米的销子钢制作。后轴定位套管用外径 6 毫米、内径 4 毫米、长 8 毫米的铜管制作。

(5) 前齿轮箱的制作

前轴承座用硬质塑料板制作。两只传动齿轮都采用模数 0.5、齿数 30 的仪表齿轮，其中一只要钻一个直径 2 毫米的止动销孔。两根齿轮轴采用直径 3 毫米、长 25 毫米的销子钢制作。图 3－4－3 是前齿轮箱的装配图。图 3－4－4 是两只橡筋钩和两只橡筋滑轮的制作方法。

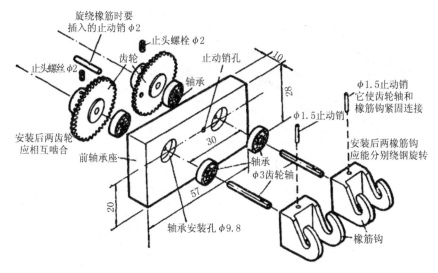

图 3－4－3　前齿轮箱的装配图

45

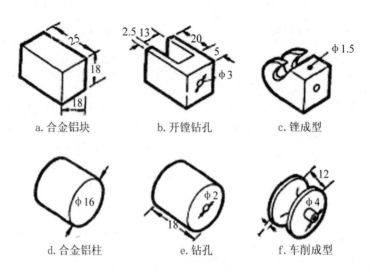

a.合金铝块 b.开镗钻孔 c.锉成型

d.合金铝柱 e.钻孔 f.车削成型

图3—4—4　橡筋钩和橡筋滑轮的制作

（6）后齿轮箱的制作

　　后轴承座所用材料和制作方法同前轴承座一样，图3—4—5是它的装配图。盆齿轮轴采用直径3毫米、长25毫米的销子钢。用直径2毫米的钢丝把橡筋滑轮安装在橡筋支架内。

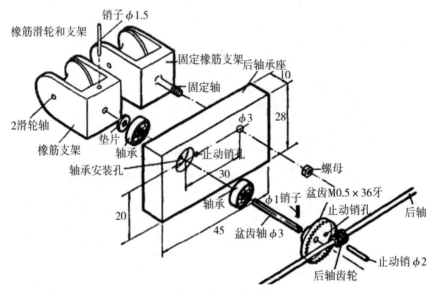

图3—4—5　后齿轮箱的装配图

46

（7）传动机构的制作

盆齿轮采用模数 0.5、齿数 36 的玩具盆齿轮，在盆齿轮上要钻一个直径 2 毫米的止动销孔。后轴齿轮采用模数 0.5、齿数 15 的铜齿轮。采用截面积 1 毫米×1 毫米的橡筋条，重量 10 克，分成两束，每束长度不超过 280 毫米。

3. 整体组装

（1）前桥的安装

如图 3－4－1。四只轴承分两组，每块前轴支架的轴承安装孔内部嵌入两只，由两面嵌入。两根前车轴分别穿入两边支架的轴承孔中，在轴承孔的两面都套入垫圈，并在车轴的小孔内插入直径 1 毫米、长 6 毫米的定位销。两只前轮和车轴紧固连接。最后，用自攻螺丝将两块前轴支架紧固在车架上。

（2）前齿轮箱的安装

如图 3－4－3，先把轴承安装在前轴承座的轴承安装孔内，并在轴承孔中插入齿轮轴。齿轮轴的一端套入传动齿轮，另一端套入橡筋钩，传动齿轮和齿轮轴之间用直径 2 毫米的止头螺丝锁定，橡筋钩和齿轮轴之间由直径 1.5 毫米的止动销锁定。注意使两只传动齿轮啮合良好，橡筋钩运转灵活。接着用四颗直径 3 毫米的自攻螺丝把前轴承座、前轴支架和车架紧固连接。最后，依照传动齿轮中止动销孔的位置，在前轴承座上也相应钻出止动销孔，以便在旋绕橡筋后，插入直径 2 毫米的止动销锁定传动齿轮。

（3）后齿轮箱的安装

如图 3－4－5，先把两只轴承安装在后轴承座内，在轴承孔中插入盆齿轴。盆齿轴的一端套入垫片后再套上橡筋架，并用直径 1.5 毫米的销子把它们锁定。盆齿轴的另一端套上盆齿轮，用直径 1 毫米的销子把它们锁定。盆齿轴连同盆齿轮和橡筋架应能运转自如。在轴承座另一个直径 3 毫米的孔中，用直径 3 毫米的固定轴和螺母安装固定橡筋架。另外，用直径 2 毫米的滑轮轴把两只橡筋滑轮安装在橡筋架内。然后，依照盆齿轮的止动销孔位置，在后轴承座上钻出相应的止动销孔，以便在旋绕橡筋的时候用止动销把盆齿轮锁定。最后，用两只自攻螺丝把后轴承座紧固在车架上。

（4）后桥的安装

把四只轴承分别安装在两块后轴支架的轴承安装孔内。后轴齿轮固定在后车轴的合适位置，使它的中部和盆齿轮紧密啮合。车轴的两端分别穿入两块后轴支架的轴承孔中，在支架外侧车轴端套入定位套管，并且紧固驱动轮。最后，用自攻螺丝把后轴支架紧固在车架和后轴承座上。

（5）橡筋束的安装

先把两股橡筋束分别穿入后齿轮箱的橡筋滑轮中，橡筋束的头和尾合股后再套在前齿轮箱的滑轮上，如图 3－4－6a 所示。旋绕橡筋可借助支架进行，把橡筋滑轮安装在绕橡筋支架上，用手摇钻旋紧橡筋束。如图 3－4－6b 所示。最后，将绕好的橡筋束连同橡筋滑轮一起，安装在前齿轮箱的橡筋钩上。先旋绕右侧一股橡筋束，再旋绕左侧一股橡筋束。在旋绕橡筋束之前，要把传动齿轮和盆齿轮锁定。

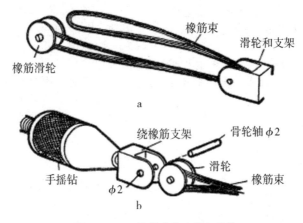

图 3－4－6　橡筋束的安装和旋绕

4. 调整

（1）传动机构的调整

如果在前齿轮箱中，两只传动齿轮啮合过松或者过紧，是由于轴承安装孔打偏造成的，要换前轴承座。如果后齿轮箱的盆齿轮和轴齿轮啮合过松或过紧，可以通过扩大车架的固定孔径，进行后轴位置的前后调整，通过在后轴支架和车架之间加减垫圈，进行后车轴的高低调整。

（2）行车方向的调整

行车方向可以通过扩大车架上前轴支架的固定孔径进行调整。

5. 改进

为了使橡筋束的弹性势能更慢慢地释放，可以再增加一级加速传动齿轮组，如图 3－4－7 所示。这时候原后齿轮箱要做以下改动：

原盆齿轮改换大齿轮，在后轴承座中央再钻一个轴承孔安装两只轴承。在这个轴承中插入短轴，轴的一端固定好带着小齿轮的盆齿轮，这样大齿轮带动小齿轮加速后，又通过盆齿轮带动轴齿轮，驱动后轮前进。

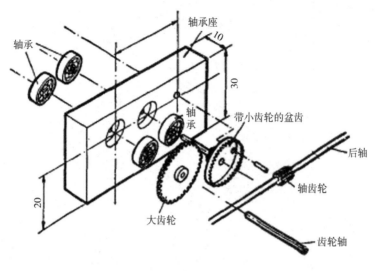

轴承座

轴承

10

30

轴承

带小齿轮的盆齿

后轴

轴齿轮

大齿轮

齿轮轴

20

图 3—4—7

6. 比赛

多级橡筋动力车辆模型，适宜进行竞距比赛。如果有百米长的竞赛场地最理想，如果没有，也可以在 30 米长的场地比赛。这时候，要在场地两端，分别画两条平行线，规定其中一条是第一起跑线，另一条是第二起跑线。参加比赛的车辆模型，从第一起跑线听令放行，另一名助手在第二起跑线处把车提起，并调头放行，以往返行驶距离的总和作为比赛成绩。

空气螺旋桨橡筋动力车辆模型

空气螺旋桨橡筋动力车辆模型应用航空模型的空气螺旋桨原理。利用橡筋的扭力使螺旋桨快速旋转，把空气往后推，固定在车身上的螺旋桨受到空气的反作用力，驱动模型向前行驶。

制作这种车辆模型，可以使我们了解螺旋桨的工作原理，并把车辆模型、舰船模型和飞机模型的制作沟通起来。这时介绍的空气螺旋桨橡筋动力车辆模型采用的元件是一些塑料压制成品，制作工艺简单易行，很适合初学者制作。

1. 结构原理

这辆车辆模型的结构如图 3—5—1 所示。它除了具有一般车辆模型的前轮、后轮、前桥、后桥、底盘等基本结构之外，还有空气螺旋桨。螺旋桨安装在主架上的前塑料轴承套内。主梁另一端安装橡筋尾钩。主梁由前后支架固定在底盘上。

车
辆
模
型
制
作
入
门

CHELIANGMOXINGZHIZUORUMEN

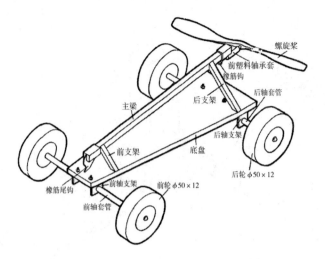

图 3－5－1　空气螺旋桨橡筋动力车辆模型实体图

空气螺旋桨动力传递是由旋紧的橡筋束带动螺旋桨旋转，螺旋桨把空气往后推。螺旋桨就受到空气的反作用力，驱动车辆模型向前行驶。

2. 零部件的选用和制作

（1）车轮的选用

采用 4 只直径 50 毫米，厚度 12 毫米的玩具车轮。

（2）前桥的制作

前轮支架采用宽 10 毫米、长 36 毫米的马口铁皮制作，在两边钻直径 3 毫米的轴孔，并在 10 毫米处弯成直角。前车轴采用直径 3 毫米、长 120 毫米的钢丝制作。前轴套管采用外径 6 毫米、内径 4 毫米、长 38 毫米的铜套管。

（3）后桥的制作

后轮支架采用的材料和制作方法和前轮支架相同，马口铁皮的尺寸宽 10 毫米、长 70 毫米。后车轴和前车轴相同，后轴套管长 20 毫米。

（4）底盘的制作

采用厚 3 毫米的松木板制作，形状是等腰梯形，上底 20 毫米，下底 55 毫米，腰长 180 毫米。另外，用截面 4 毫米×5 毫米的桐木条制作前后支架和主梁。

（5）动力装置的制作

螺旋桨、前塑料轴承套、塑料橡筋尾钩等都是市售成品。

3. 整体组装

（1）前后桥的安装

用 4 对直径 3 毫米的螺丝螺母把前后轴支架安装在底盘上，前后轴穿入前后轴支架的轴孔中。前轴两端套入 38 毫米的轴套管，后轴两端套入 20 毫米的轴套管，再套上垫片，然后安装前后轮。

（2）动力装置的安装

安装螺旋桨的时候，首先把直径 0.5 毫米、长 40 毫米的钢丝弯成橡筋钩穿入塑料轴承套，再套入三片涤纶垫片以减小摩擦力，然后套入螺旋桨。螺旋桨和钢丝轴可用环氧树脂胶水黏成一体。

安装前、后支架和主梁的时候。

50

先把前后支架松木条的两端削成劈状，再用白胶水把它们黏牢在主梁和底盘之间。等白胶水干固后，再把前塑料轴承套和塑料橡筋尾钩安装在主梁的两端。最后，在钢丝钩同尾钩之间套上橡筋束。

4. 试车和调整

用左手捏住塑料轴承套，右手食指按反时针方向旋绕螺旋桨。橡筋上紧后，把车辆模型放在场地上。放开双手，车辆模型就会在空气的反作用力推动下向前行驶。

如果车辆模型行驶不直，可以拧松前轴支架的固定螺丝，扩大底盘上的固定孔，就可以调整。如果把其中一个固定孔锉成腰形槽，还可以使车辆模型沿圆周行驶。

5. 比赛

空气螺旋桨橡筋动力车辆模型适宜进行直线竞速或者圆周竞速比赛。由于它们行驶距离短，车速慢，比赛可以在室内进行。

直线竞速比赛，可以参照 30 米直线竞速方法进行。只是比赛场地要缩小一些。各得分区间隔改为 0.5 米。

圆周竞速比赛，可以绕直径 3 米的圆周进行。以半分钟里车辆模型绕转的圈数评定成绩。

橡筋动力车模型比赛注意事项

第一，两个前轮要固定在同一根前轴的两端同步旋转，不能让两个前轮分别旋转，这样可保证直线行驶的方向性。或者适当增加两个前轮的轮距，也能改善它的行驶直线性。

第二，由于橡筋动力初始扭力较大，一定要将两个后轮与后轴牢固连接。如果车轮轴孔径略小于车轴直径，可以在车轴两端涂些环氧树脂胶水，直接把车轴打入车轮轴孔中。如果车轮轴孔径同车轴直径差不多，可以用锤子敲扁车轴两头，涂些环氧树脂胶水，然后把车轴打入车轮轴孔中。

第三，试车时选一个宽阔的场地，并且事前清除场地上的障碍物，以免撞坏车辆模型。

第四，如果发现车轮有打滑现象，可在车模上适当加一点配重，以增加车轮与地面的摩擦。如配重过重，则会影响车模行驶速度。必须多试几次，以速度最快时为佳。

第五，由于橡筋车模的释放能量从大到小，造成驱动力有变化，对车子的直线性有一定影响，所以，调试出来的车子直线行驶的轨迹总是有些偏左。在放行车子时，应该把车头朝右侧偏一些。这个右偏角度还受到地面光滑度的影响。如有可能，则要争取在比赛当天，在现场试车来决定右偏角度。

第六，竞赛前，必须把调整好的模型上面的所有固定螺丝拧紧，并用 502 胶水或百得胶黏住，避免在几个轮次的比赛中，车模受到震动后螺丝松动，影响齿轮的啮合间隙和车模的直线性。

第七，由于车身较长，去比赛场地途中，最好能用一个长木箱或纸箱把比赛用的车模编号后放在箱子里，并分别加以固定。在每轮比赛的前后，都要小心轻放，以保证调试好的车模不会变形走样。

电动车辆模型

电动车辆模型具有噪声小、不污染空气、操作方便、使用寿命长等优点。它还便于安装各种电子控制设备，制成声控、光控、无线电遥控等车辆模型，是最受青少年青睐的车辆模型。

直流电动机简介

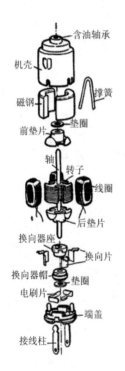

含油轴承
机壳
撑簧
磁钢
垫圈
前垫片
轴
转子
线圈
后垫片
换向器座
换向片
换向器帽
垫圈
电刷片
端盖
接线柱

图 4-1-1 直流电动机的结构

直流电动机是车辆模型理想的动力，它由直流电源供电，通过改变电动机所用电源电压的高低，可以调节车辆行驶的速度；通过改变电源的极性，可以很方便地使车辆完成前进和倒退的动作变换。直流电动机还是控制机构中的重要部件。方向舵机和速度舵机都可以由它来驱动。

一、直流电动机的结构原理。

直流电动机的结构如图 4-1-1 所示。电动机的机壳是用铁皮压制而成的，它一方面起到支承轴承、磁铁、端盖的作用，另一方面使两片瓦形磁铁形成磁回路。磁铁通常使用钡铁氧体制成，每块磁铁都有 N、S 两个磁极。在电动机中，两块磁铁不同的磁极相对设置。转子铁芯有 Y 形的三个极。每极绕一个线圈，每个线圈的两根引出线依次首尾绞合相连，绞合的接点分别焊在三个互相绝缘的换向片上。

转子铁芯和换向片都固定在电动机轴上。由于电刷可以在换向片上滑动，接通电源后，整个转子，包括铁芯、线圈、换向器和电动机轴，就能够转动自如。

直流电动机的运转原理如图4-1-2所示。当它的电刷按图4-1-2a所示的极性同电源相连的时候，电从电源的正极流出，通过电刷到换向片3，然后分成两路，一路经过线圈2、换向片2、电刷到电源负极，另一路经过线圈3、换向片1、电刷到电源负极。依照右手定则可以判定，电流在线圈2、线圈3中所形成的磁场极性，如图所示。根据磁极同性相斥、异性相吸的原理可以断定，线圈2同磁铁2相互吸引，线圈3同磁铁2互相排斥。所以电动机转子在电磁力矩的作用下，做逆时针方向旋转。这时候线圈1的两端所接的换向片1和换向片2被电刷短路，线圈1没有电流通过，不产生磁场。

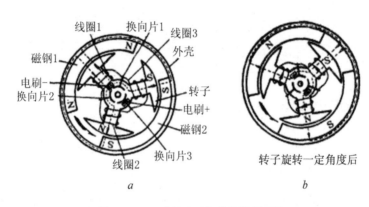

图4-1-2　直流电动机的运转原理图

当转子逆时针方向转过30°的时候，如图4-1-2b所示，用同样的方法分析，转子仍受逆时针方向电磁力矩的作用，电动机的转子也就继续按逆时针方向旋转。总之，电动机接通电源后，转子会受到恒定方向电磁力矩的作用，向一定方向旋转；如果改变电源极性，电动机转子即会朝相反方向旋转。

二、直流电动机的选用

制作电动车辆模型应该根据实际需要选用不同的电动机。表4-1-1是几种国产玩具直流电动机性能表，供选用电动机参考。制作简易的电动车辆模型，可以先用WZY-131型玩具电动机，它的工作电流、重量、体积和功率都比较小。如车辆模型的负重大，可选用功率较大的WZY-151型、WZY-171型电动机。

表 4－1－1　几种国产玩具电动机性能表

型号	外形尺寸（直径×长）（毫米）	转轴直径（毫米）	重量（克）	电压（伏）		空载		负载			启动力矩（克·厘米）
				使用电压范围	测试电压	转速转/分	电流（安）	转速（转/分）	电流（安）	力矩（克·厘米）	
WZY-131	φ21×8	2	21	1.5～3	1.5	7 600	0.27	5 200	0.71	6.5	20
	φ21×8	2	21	1.5～3	3	1 3800	0.34	9 400	0.71	10.4	32.5
WZY-151	φ23.8×38	2	29	1.5～3	1.5	5 700	0.2	4 500	0.7	9.4	33.5
	φ23.8×8	2	29	1.5～3	3	1 1600	0.25	8 300	0.98	15.5	53
WZY-171	φ27.5×48	2.3	42.8	1.5～4.5	1.5	4 400	0.19	3 250	0.58	12.1	46.5
	φ27.5×48	2.3	12.8	1.5～4.5	3	8 700	0.24	6 400	0.84	18.9	72.5

三、直流电动机的改制

制作车辆模型，如果找不到合适的电动机，可以利用废旧电动机进行改制。改制的时候，主要从两个方面考虑，一方面是设法增大输出功率，另一方面是设法增大输出转矩。

1. 增大电动机的输出功率

常见的 WZY－131 型玩具电动机功率较小，可以用两只这种电动机改成一只功率较大的电动机。

如图 4－1－3 所示，先将两只电动机拆开。把其中一只电动机的外壳在图 4－1－3a 所示虚线处截开，另一只电动机的外壳在图 4－1－3b 所示虚线处截开，用锉刀把断面锉平。按图 4－1－3d 所示用焊锡焊接成加长外壳，四块磁钢按图 4－1－3c 所示位置装入外壳。磁钢极性要正确，使上下磁钢相互吸引，左右磁钢相互排斥。装好后用卡子

将磁钢固定或者用 502 胶水黏结固定。然后把一根比原轴长 2 倍的加长轴穿入两个转子铁芯中，用 502 胶水把加长轴和铁芯黏结成一体。装上换向器，在转子铁芯的每个极上，用直径 0.31 毫米的漆包线分层密绕 50 圈，如图 4－1－3e 所示，线圈绕向可以参考图 4－1－2。刮去线头的漆皮，把它们分别焊在换向器的三个换向片上。最后装上后盖，电动机便改制完毕。

2. 增大电动机的输出转矩

40ZY－75 型电动机额定输出转矩较小，经改制后的电动机，工作电压 7.5 伏，转速 10 000 转/分，输出转矩可达 100 克·厘米。改制的方法是：

拆除原机械稳速装置和转子绕组。增叠 8～10 片转子硅钢片，厚约 4.5 毫米。叠齐后在转子铁芯的三个极上，每极用直径 0.64 毫米的

漆包线分层密绕 35 圈。三只绕组的首端和尾端按图 4－1－4a 所示绞合相连后，分别绕在三个换向片上，用锡焊牢，再用绝缘漆或者环氧树脂胶封固，并在两端套上原来的垫片。

原来的定子是一块 8 毫米厚的环形磁钢。转子的叠厚增加，磁钢厚度也应该加厚，如图 4－1－4b 所示。先用锉刀把电动机外壳内的三个突肩锉去，另做一个适当厚度的垫圈定位。两块磁钢叠合时最好用环氧树脂胶黏结，磁极位置必须正确，N 极靠 N 极，S 极靠 S 极，否则反而会减弱磁场，使电动机的性能下降。

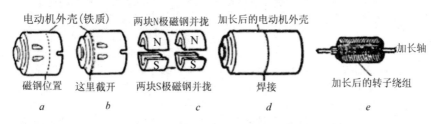

电动机外壳（铁质）　　两块N极磁钢并拢　　加长后的电动机外壳　　　　　　　　加长轴

磁钢位置　这里截开　两块S极磁钢并拢　焊接　　　加长后的转子绕组

a　　　　*b*　　　　*c*　　　　*d*　　　　*e*

图 4－1－3　增大电动机的输出功率

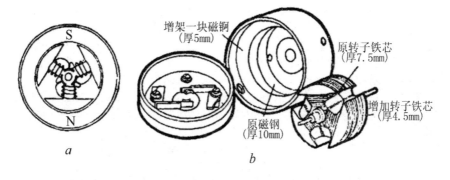

增架一块磁钢
（厚5mm）

原转子铁芯
（厚7.5mm）

原磁钢
（厚10mm）

增加转子铁芯
（厚4.5mm）

a　　　　　　　*b*

图 4－1－4　增大电动机的输出转矩

电刷同换向器的接触面大小，对电动机性能的影响也很大。通常接触面的长度要有 2.5 毫米左右，要防止因接触不良而引起发热。通常玩具电动机的电刷，都是用两片铜片制成的，它的使用寿命较短，容易产生电火花，干扰电子控制设备的正常工作。因此，最好利用工业用电动机的废碳刷来改制。

根据玩具电动机的需要，在砂纸上轻轻把碳块磨成合适的尺寸，然后用导电胶把磨好的碳块黏结在原来的铜电刷上。如果没有导电胶，也可用 0.1 毫米的薄铜片把碳块包夹住，再焊在原电刷上。但同换向器接触的那一面不能包夹，以保证碳块和换向器直接接触。有些含银或含铜的炭块，也可以直接焊在原电刷上。

四、车辆模型常用电源

电动车辆模型使用干电池或者蓄电池供电。干电池经济实用，容易购买。但干电池只能使用一次，放电电流比较小。一般只有几百毫安，所以只用于简单的电动车辆模型上。蓄电池可以多次充电反复使用，而且放电电流大，有的能达到几安培，用在比较复杂的车辆模型上。

（1）干电池

我们在日常生活中用得最普遍的干电池是1号（即大号）、2号、5号三种规格的干电池。大多数电动遥控模型汽车也都采用这三种干电池。在干电池中，还有所谓高性能长寿电池和碱电池，两者的差别主要在使用寿命上，前者的使用寿命约为普通干电池的1.5倍，后者的使用寿命则可达干电池的3～4倍。

干电池的使用寿命还随使用方法而变，断续使用比连续使用具有更长的寿命。负载越大，消耗电流也越大，使用寿命就越短。与镍镉电池相比，干电池不能充电，一次用完就得丢弃。

（2）镍镉电池

镍镉电池可以反复使用300次以上，即使把充电器的成本计算在内，还是比使用干电池经济。一节镍镉电池电压为1.25伏，由于比干电池的电压（1.5伏）低，如果串联使用，必须注意它的电压。与干电池相比，它具有如下特点：

①电池的内阻低，可获得较大功率。

②能够提供较长时间的稳定功率输出。

③具有全密封结构，不会产生液体渗出现象，可以长时间保存。

④可以反复充电使用。

有些镍镉电池的形状与干电池相同，也有一些镍镉电池因有特殊用途而制造成其他多种形状。但不管是哪一种镍镉电池，充电时如不小心，就有可能缩短使用寿命。

镍镉电池的寿命和输出电流的强弱与充放电方法有很大关系。一节新买的5号镍镉电池，如果额定电流是600毫安，那就要用60毫安的电流充电12～14小时后才能使用。在第二次充电以前，一定要将用过的镍镉电池进行放电，把多余的电能全部放完。可以将一只1.2伏、100毫安的小电珠接在镍镉电池的两端进行放电，用电压表监测，直至0.4～0.6伏为止。因为镍镉电池有记忆效应，长时期不将多余电能放完就进行充电，电池内的一部分化学物质将不再转化成电能，它的输出电流就会越来越小，寿命也随之降低。

如果参加比赛时，为了提高电池的"爆发力"，在完全放电后，也可以用大电流进行充电。如用600毫安急充50分钟，或用300毫安急充2小时。但是，这种用大电流快充的办法尽量少用，它会缩短镍镉电池的寿命。除了特别严重的有记忆效应的镍镉电池之外，一般轻度的记忆效应都可消除，将已有记忆效应的镍镉电池充电至1.5～1.6伏，再放电至0.4～0.6伏然后再充再放，如此反复几次之后即可消除其记忆效应。

（3）镍氢电池

除了我们经常接触的镍镉电池之外，还有一种也是比较常见的充电电池，那就是镍氢电池，因为内部不含镉、水银等有毒成分，对环境没有污染，所以被称为绿色电池，也叫环保型电池。

电压也是 1.25 伏，一样能提供大电流，而且其额定电流也比较大，可以达到 800～1 500 毫安，但是镍氢电池内阻稍大，爆发力逊于镍镉电池，价格也偏高。

镍氢电池的优点是没有记忆效应，使用比较方便。充电电流不能很大，最好使用镍氢电池的专用充电器充电。充电中要注意电池的散热，使用完后要等电池完全冷却后才能再次充电。

模型上还使用很多种电池，比如镕电池、铅蓄电池、太阳能电池等。

无传动机构电动车模型

本节介绍两种没有专门传动机构的简易电动车辆模型，可以采用废旧材料，取材方便，成本低，适合初学者制作。

一、双轮直接驱动电动车模型

1. 结构原理

这辆模型由前轮、后轮、车架（底盘）和动力装置等组成，如图4—2—1所示。

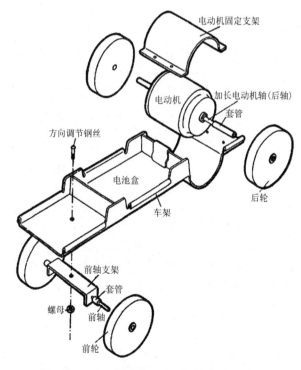

电动机固定支架

电动机

加长电动机轴(后轴)

套管

方向调节钢丝

电池盒

后轮

车架

前轴支架

套管

螺母

前轴

前轮

图4—2—1 双轮直接传动电动车辆模型实体图

57

它的驱动原理比较简单，两只后驱动轮直接安装在电动机的加长轴上，成为特殊的直接驱动电动车辆模型。因为它没有减速机构，所以具有速度快的特点。前桥采用手动定向机构，行驶方向可以任调节。它是一种适宜进行圆周竞速比赛的车辆模型。

2. 零部件的选用和制作

（1）车身的制作

取废食品罐头铁皮一张，按图

4－2－2裁剪车身。图4－2－2所示只是车架的比例尺寸，在实际制作的时候，可以根据所用的铁皮材料有所伸缩。

车身裁剪好以后，可按图所示弯折成形。车身的两边弯成双层，以加强机械强度。车身腰部铁皮朝外下弯成沟槽，便于套橡皮圈紧固电池。电池正极和负极的引发触片必须垫塑料片，以便同车架绝缘，避免造成电池短路事故。

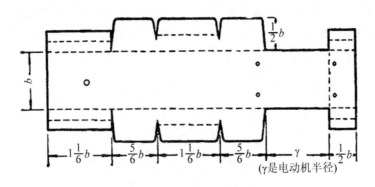

（γ是电动机半径）

图4－2－2　车身的比例尺寸

（2）车轮的制作

可以利用废干电池制作。取一号废干电池四节，拆出底部后盖的圆铁片作车轮。在铁片的圆心钻一个同电动机轴一样粗细的轴孔，再剪四块长93毫米、宽5毫米的铁皮做轮箍，紧紧地箍在圆铁皮周围，用锡焊牢。为了便于轮箍的焊接，

可按图4－2－3所示剪一个圆环作为固定夹具，旋紧夹具螺丝，使轮箍紧固在圆铁片上再焊接。

车轮焊好后在轮箍外贴一层胶布，剪一段5毫米宽的自行车内胎，套箍在胶布外面，以增加车轮和地面间的摩擦力。

原1号电池后盖

铁片轮箍

焊接轮箍用固定夹具

焊接

焊好后拆去夹具

图 4－2－3 车轮的制作

（3）电动机轴的加长

两只后驱动轮是直接安装在电动机轴上的，由于原电动机轴短而且是一边出头的。所以要换一很长轴，并使电动机两端都露出轴来。换抽方法如下：

把电动机上压住后盖的两个铁片挑起来，手握后盖轻轻拉出，再把电动机壳中的转子取出来。注意把轴上的小垫片保存好。用钳子夹住轴使转子立起来，用小锤敲轴的另一端，使轴退出来。

操作过程中注意不要把漆包线弄断。取出截好的自行车条，把头稍磨一下，使头部呈圆形，然后插入原来的轴孔里。试若用锤子敲几下，如果轴穿进去过松，就要换粗一点的车条。如果过紧，用砂纸把轴打磨一下再装上，使轴敲入后比较紧就可以了。两端留同样长短的轴头。装好轴后套上垫片，装入定子的铁壳中，最后装后盖时要使后盖上的两块铜片做的电刷在轴的两边各一个，把轴从中间轻推进去，对上压片的西门，把压片按下去，电动机就改装完毕了。

如果找不到合适的长轴，可以剪两条宽 12 毫米的铁皮，包在电动机轴上卷成圆套管，用钳子夹细后，紧紧套在电动机轴上，用锡焊牢。通常电动机轴两端长短不等，可轻敲较长的一端，使轴两端一样长，然后再套接套管。

3. **整体组装**

（1）前桥的安装

用一段直径 2 毫米的自行车旧辐条做前轮轴，穿入前轮支架轴孔。在支架外侧套进定位套管，再安装车轮。车轮是铁质的，所以可以直接焊接。然后用直径 3 毫米的螺丝螺母，把前轮支架固定在车架上。

（2）电源的安装

电源可根据电池盒的容积，决定使用两节四号电池还是两节二号电池。用橡皮圈把电池捆在车身腰部的沟槽里。电池正、负极接触片最好选用富有弹性的磷铜片制作。电流的通断可以在任一个电极和磷铜片之间，通过拔出或插入绝缘塑料片来控制。

（3）电动机的安装

电动机放在车身后部的凹槽里，上面盖有电动机固定支架，用四对直径 2 毫米的螺丝螺母把电动紧固在车架上。

4. 调整

这种车辆模型只要电动机运转正常，一般不用调整。但是，如果用它来进行圆周竞速比赛，需要调整前轮支架对底盘的位置。如果车辆模型在直径 1.5～2 米的赛场行驶，前桥应调整 12°左右。

为了保证车辆模型能平稳地作圆周快速行驶，外侧车轮的直径必须大于内侧车轮直径。这只要在外侧车轮上多套箍几层自行车内胎就行。

如果用泡沫塑料制成具有锥度的宽边车轮，作圆周行驶的效果就会更理想。

5. 比赛

如果场地较小，可以用这种车辆模型作有趣的圆周竞速比赛。

在比赛的场地中央，画一个直径 1.5～2 米的圆，在圆周上沿半径方向画出一条起跑线，用它作标志，计算赛车完成圆周运动的圈数。

在 1 分钟内行驶圈数多者名次在先。行驶过程中，行车轨迹可以同圆周相切，但是不能穿越圆周，如果穿越圆周，就不计这一圈。最后行驶不到整圈的也不计。

二、单轮直接驱动电动车模型

这里介绍的单轮直接驱动电动车辆模型的一只后驱动轮，直接安装在电动机的加长轴上，成为单轮驱动电动车辆模型。

这辆车辆模型的结构原理、零部件制作都和双轮直接驱动电动车辆模型大致相同。它的结构如图 4—2—4 所示。

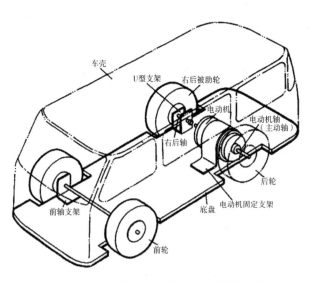

图 4—2—4　单轮直接驱动电动车辆模型实体图

电动机安装在后驱动轮的一侧。由于轴短轮厚，可用小锤轻轻敲击电动机短轴的一端。使电动机轴向另一端伸出，就可以直接安装后驱动轮。如果这样做轴还不够长，可以在电动机轴上紧套一根铜套管，再加接一小段车轴，这样较厚的车轮也就能安装在轴上了。

右后轮支架做成 U 型。右后车轴用直径 3 毫米、长 30 毫米的钢丝，一端和车轮紧固连接，另一端穿过右后轮支架的两个小孔，然后用垫片焊牢。

车壳可根据自己的爱好用铁片参考本书的自行设计制作。

空气螺旋桨电动车模型

这里介绍的空气螺旋桨电动车辆模型和前文介绍的空气螺旋桨橡筋动力车辆模型大致相同，只是把动力源改成 WZY－131 型电动机，如图4－3－1所示。

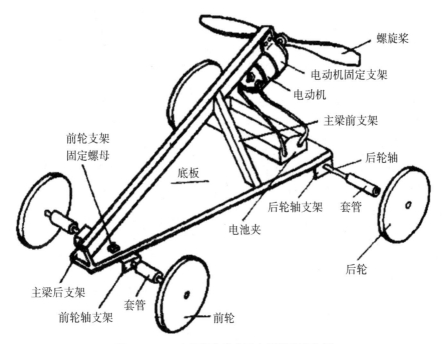

图4－3－1　空气螺旋桨电动车辆模型实体图

1. 材料

3毫米×55毫米×200毫米松木1片，4毫米×6毫米×400毫米松木1根，10毫米×195毫米马口铁皮1片，直径2毫米×100毫米钢丝2根，内径2毫米圆珠笔塑料芯2根，塑料螺旋桨1只，M2螺丝钉及螺母各6只，131型交流玩具电动机1只，细塑料电线200毫米，电池夹1只（可装2节5号电池，输出电压为3伏），直径40毫米玩具车轮1只，502胶水，松香，焊锡，快干胶，双面胶带纸1卷。

2. 制作

（1）底板及主梁

用小手工锯子按图将3毫米×55毫米×200毫米的松木板锯成梯形底板。

用锯下的边角木料再锯出一块小梯形作主梁后支架。用刻刀截取4毫米×6毫米×240毫米松木一根，再截取4毫米×6毫米×80毫米松木两根作为主梁前支架。用手摇钻及的φ2钻头在底板前后桥安装位置各钻两个孔，以便安装前后轮轴架。再用手摇钻在主梁上端钻两个孔，用来固定电动机支架，孔间距等于6毫米。然后按图用快干胶将主梁安装在底板上，黏结时主梁要在底板中心线位置上。

（2）前桥及后桥

将马口铁皮用剪刀剪成40毫米长、宽75毫米长两段，用手摇钻在两块铁皮的两端各钻直径2毫米的轴孔一只，并在距端口2毫米处用尖嘴钳弯成直角，然后在铁皮中央按底板

安装孔位置分别钻两个直径2毫米的安装孔，并用M2螺丝钉和螺母各四只将前后轮轴架固定在底板相应位置上。用直径2毫米钢丝车轴分别插入前后轮轴支架，两端分别安上圆珠笔芯。

（3）车轮

车轮采用直径40毫米玩具车轮，分别套在前轮轴及后轮轴两端，用502胶水黏牢，使车轮与车轴之间无打滑现象。

（4）动力装置

将马口铁皮剪取75毫米一条，对准主梁上两小孔位置，并用手摇钻在铁皮两端钻直径2毫米孔4只，再将铁皮包在131型玩具电动机外壳上，用M2螺丝钉及螺母各两只将电动机固定在主梁上端（电动机的输出轴向后），将塑料螺旋桨套在电动机输出轴上，用502胶水将螺旋桨及电动机输出轴黏牢、使它们接触部位无打滑现象。

（5）电源

用20毫米宽的双面胶带将电池夹黏在电动机下方的底板上。用电烙铁将电池夹与电动机的正负极接线片用单股细塑料电线焊车连接起来。

3. 试车

在电池夹中装入两节5号电池，螺旋桨便快速转动起来，将模型放在地面上，模型就行驶了。

4. 比赛

选一平整狭长地面，相距10米各画一条直线分别作为启航线及终点线。比赛时记下模型行驶到终点所需时间长短，速度快者为胜。

简易电动直线竞速车辆模型

本节介绍的简易电动直线竞速车辆模型结构较简单、取材容易，只要按照要求制作，再作适当的调整行驶路线就可笔直，且速度也比较快。

1. 材料

3毫米×4毫米×450毫米松木1根、3毫米×2毫米×100毫米桐木1片，直径0.1毫米×7毫米单股塑胶线100毫米，131电机1只，M2×6毫米圆头螺丝钉2只，1.5毫米×8毫米×33毫米铝片1片，2毫米×8毫米×70毫米单面铜箔板1块，模数0.5齿数为9齿或10齿钢质或塑料直齿轮1只，模数0.5齿数为22齿的盆齿1只，62.6毫米×60毫米直轴1根，92毫米×20毫米直轴1根，有肩铜紧固圈1只，电池接触片2片，轮芯、胎各3只，5号电池1节，焊丝、松香少许，大头针2只，圆珠笔塑料芯1根、门标22只。

2. 制作

(1) 车身的制作

用美工刀把3毫米×4毫米×450毫米松木截取2段长为200毫米作为车身。余下50毫米木条待用。用百得胶把2根松木条和1块桐木片胶接，如图4-4-1。

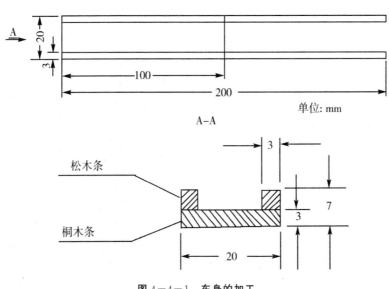

图4-4-1 车身的加工

（2）后轴加工

　　将盆齿套在有肩铜紧固圈上，如图4－4－2，然后用中心冲尖端放于紧固圈孔中，用铁锤敲击，使盆卤与紧固圈之间不发生松动后放在铁砧上，再将直径2.6毫米×60毫米直轴放于紧固圈孔上方，用铁锤将轴敲下如图4－4－3。

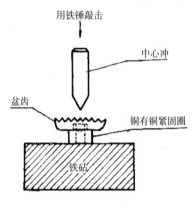

图4－4－2　盆齿与紧固圈的连接

　　为了使后轴齿轮加工正确，桌虎钳二钳口之间的距离要调节正确，如图4－4－4，后轴从紧固圈孔中敲下后，轴的一端与紧固圈平面之间的距离要正确。

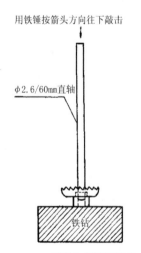

图4－4－3　后轴与紧固圈的连接

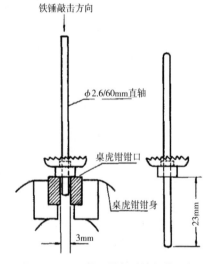

图4－4－4　紧固圈与后轴间的要求

64

（3）后桥加工

在 1.5 毫米×8 毫米×31 毫米的铝片上用划针按图 4－4－5 的尺寸划成 2 块，然后用小手工锯将铝片锯成 2 块。

用铁锤和中心冲在图 4－4－5中 A、B 二点敲 2 个定位孔。弯折线 C 对齐在钳口平面上，用桌虎钳口钳住该铝片，然后用铁锤将铝片敲成 90°弯角如图 4－4－6 所示，用铁锤敲击铝片时力量要适中，防止材料变形。

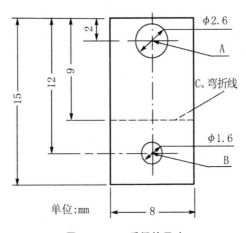

图 4－4－5　后桥的尺寸

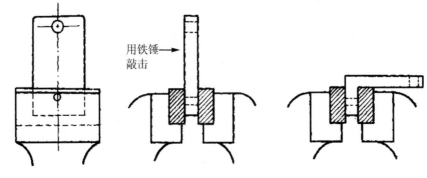

图 4－4－6　后桥的加工

用直径 2.6 毫米和 1.6 毫米钻头分别装在手摇钻上，将 A、B 二定位孔钻穿，然后把 M2 丝攻固定在丝攻扳手上，在直径 1.6 毫米孔上加少许润滑油后攻出内螺纹。

加工完毕后再仔细检查两块材料尺寸是否符合要求。

（4）后桥、后轴与车身的连接

将加工好的二后桥分别与后轴连接、置于车身后端，并使后轴与车身中心线成直角，且与车底板平

65

行如图 4—4—7、图 4—4—8 所示。

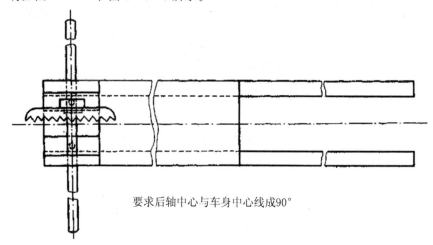

要求后轴中心与车身中心线成90°

图 4—4—7 后轴与车身中心线成直角

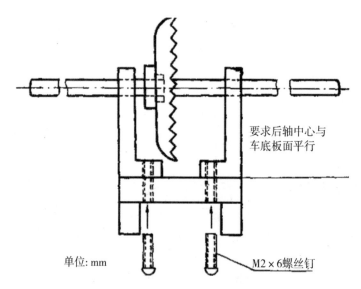

要求后轴中心与
车底板面平行

单位: mm

M2×6螺丝钉

图 4—4—8 后轴与车底板平行

此时二后桥 M2 孔在车底板上的对应位置用细铅笔在车身底板上画 2 个中心点，再用直径 1.6 毫米钻头钻出两个孔。用 M2 螺丝钉将后桥和后轴部分固定在车身底板上。为了使后桥牢固，不发生松动，可在后桥与车身底板接触处涂上百得胶，然后再用 M2 螺丝钉旋紧固定。完成上述制作后，要求后轴在后桥中旋转自如，阻力小，并不要发生较大的轴向移动。

如果产生了轴向移动，可用美工刀截取2段2毫米长的内径为2毫米的圆珠笔塑料芯管，套于左右后桥二侧，使后轴在后桥上轴向间隙减小，转动阻力又较小。最后将轮芯轮胎装于后轴二端，此时车辆后轮转动部分已安装调试完毕。

（5）前桥制作

将轮芯圆弧处用美工刀削平，如图4－4－9，在轮芯中心孔中穿入

直径2毫米×20毫米直轴作前轮轴。前轴要求与车身中心线也成直角，同时也要求前轮在轮轴上转动自如。截二根3毫米×4毫米×15毫米松木条，在木条中端用美工刀刻出一个半圆槽，在相对应的车身前端的两木条处也用同样方法加工成半圆槽。为了使前轮在轴上不发生轴向移动，可根据具体尺寸，截2段尺寸相同的圆珠笔料理芯套在的轮的左右两侧。

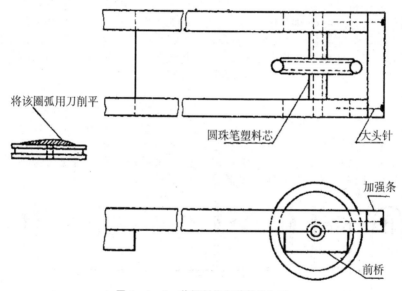

将该圈弧用刀削平

圆珠笔塑料芯   大头针

加强条

前桥

图4－4－9　前桥制作和前轮总加工

最后再用百得胶将前轴固定在2个半圆槽内。为了使车架前端牢固，可在车架前端用多余的松木条根据车身宽度截断作为加强条。然后涂上百得胶黏到车架上，再用大头针将加强条和车架前端固定牢，如图4－4－9。把做好的车辆三个轮子着地，用手指按住车辆底板后部，稍用力向前推动车辆，观察模型的运行方向和距离是否满足要求。

（6）电机的安装

先将电机轴前端对准铜直齿轮中心孔，利用桌虎钳钳口，使铜直齿轮一平面靠住钳口内一平面，从俯、侧两个方向看电机轴与钳口平面都应成直角，再慢慢地旋转桌虎钳子柄，就能达到满意的效果，如图4－4－10所示。

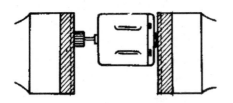

从俯视方向看要求电机轴与钳口面成垂直。

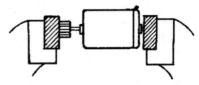

从侧视方向看要求电机轴与钳口面成垂直。然后转动桌虎钳钳口调节手柄，将齿轮压紧在电机出轴上。

图 4－4－10　齿轮与电机的安装

将电机一平面端及安装电机处的车底板相对应的位置涂上百得胶黏合。黏合时要做到电机轴与后轴成直角，盆齿也应与直齿中部啮合，且两个齿轮的啮合距离要适中，否则将要产生转动阻力大或损坏齿轮的现象。

（7）电池架的安装

取一块 2 毫米×8 毫米×70 毫米单面铜箔板。用 0 号的砂皮将铜箔表面处理一下，用电烙铁在铜箔面的两端上好锡待用。将两片电池接触片分别按尺寸要求在桌虎钳上加工成直角形状，在 8 毫米部分的接触片正反面都上好锡后用镊子钳住放在上好锡的铜箔面上用电烙铁焊牢。

两片之间的距离如图 4－4－11，这样才能使 5 号电池放在电池架内，安装电池前，需用美工刀或小手工锯将铜箔板上的钢箔割断，以防短路。最后用百得胶将电池架黏合在车底板上。

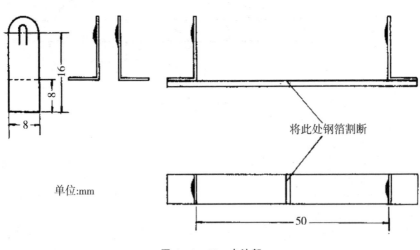

单位:mm

将此处钢箔割断

图 4－4－11　电池架

（8）电路的连接

取塑胶线，按电机引出线到电池架的距离，剥去两端塑料皮后绞紧，再上锡。电机引出线事先也上好锡。连接并接通电源，如果车辆倒向行驶，可将焊接电机的两根导线用电烙铁焊下互换后再焊上就可正向行驶。图4－4－12为简易电动直线竞速车辆模型的总装图。

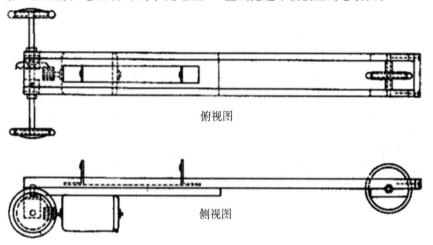

俯视图

侧视图

图4－4－12　简易电动直线竞速车辆模型总装图

（9）试车

在空旷平整的场地上，将电池安放在车辆电池架上观察一下车辆的行驶方向和速度。请一个助手在前方接车，防止模型到终点与墙撞击或发生其他意外情况。如果车辆在阻力小、行驶轨迹也比较直的情况下还觉得车速太慢的话，可通过改制电机或换上镍铬电池的办法提高车辆的行驶速度。

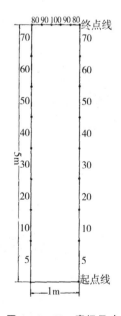

图4－4－13　赛场尺寸

3. 比赛

赛场要求平整光洁、起跑线与终点线之间的距离可定为，5米、10米、15米等，宽度为1米。终点线放若干只标设立几个门，中门分数最高，如

图4—4—13。

比赛时将车一辆辆放行计时，可赛二轮或三轮，取其中最好一轮成绩作为比赛成绩。成绩评定万法是行驶方向分高者名次在前；行驶方向分相同的，时间短者名次在前。

摩擦轮传动电动三轮车模型

这里介绍的摩擦轮传动电动车辆模型，是一辆木质框架式三轮电动车辆模型。它的功率损耗小、结构简单、重量轻、性能可靠，是一辆普及型车辆模型。

1. 结构原理

这辆车辆模型前轮、后轮、车架和传动机构等部分组成，如图4—

5—1所示。它的前后轮轴都直接安装在车架轴孔内，也没有转向机构。

这辆车辆模型的动力传递方式比较简单，电动机轴上的摩擦轮直接把动力传递给后驱动轮。电动机摩擦轮作顺时针方向转动，驱动轮作逆时针方向转动，驱动车辆模型向前行驶。

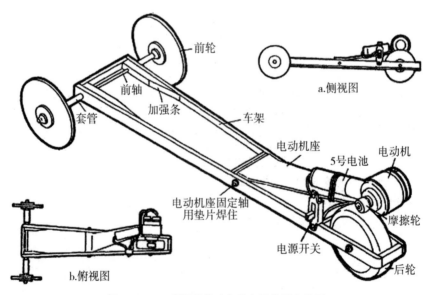

图4—5—1 **摩擦轮传动电动车辆模型实体图**

2. 零部件的选用和制作

部分零部件的材料选用和尺寸如图4—5—2所示。

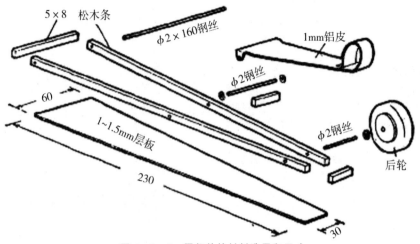

图4—5—2 零部件的材料选用和尺寸

（1）前轮的制作

用普通三夹板制作，直径60毫米左右，轮缘要打磨成圆弧形。在轮子两面的中心处各贴上一片薄层板圆片，以增加轮壳厚度，便于装置轴孔衬管。轮子中心钻一个直径2.8毫米的轴孔，涂一些502胶水，插入外径3毫米、长10毫米的铜衬管。这样可以减小前轮转动的摩擦力，防止轴孔磨损变形。

前轮的直径不宜太小。因为在同样的车速下，车轮直径小，转速快，车轴同轮孔间的摩擦大，而且车辆行驶不平稳，容易改变行驶方向。

（2）后轮的制作

后轮是车辆模型的驱动轮，可利用旧泡沫塑料凉鞋底制作。取一块15毫米厚的泡沫用锋利的刀片割下直径50～60毫米的车轮毛坯，在中心钻上

一个直径2.8毫米的轴孔，插入外径3毫米、长17毫米的铜管。铜管两端套上薄铁皮垫片，利用铜管把两层垫片和垫片间的泡沫塑料一起铆固，如图4—5—3所示。然后用木锉或砂纸打磨轮子毛坯成型。

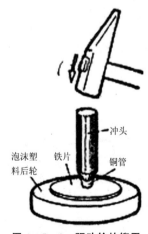

图4—5—3 驱动轮的铆固

（3）车架（底盘）的制作

车架是木质结构，用截面5毫米×8毫米的松木条拼黏成等腰梯形，梯形的腰长230毫米，两底长分别为30毫米和60毫米，在框架中部用木条加强。框架下面黏上一片1.5毫米厚的层板或者松木片。黏接车架的胶水可以用快干胶或者白胶水，待胶水干固以后钻出前轴孔、电动机座轴孔和后轴孔，孔径大小应根据轴的粗细而定。

如果三根轴都用自行车辐条制作，辐条直径2毫米，那么在框架上的轴直径也是1.8毫米比较合适。另外安装电源开关螺丝的孔径可取2.2毫米。

（4）传动机构的制作

电动机采用WZY-131玩具直流电动机。摩擦轮可以用木材或硬橡胶车制，也可以利用各种现成的玩具轮子改制，摩擦轮的轴孔直径要略小于电动机轴直径，两者要紧固连接。

电动机座用薄铁皮制作，如图4-5-4所示。机座一端弯卷紧固电动机后，钻孔铆牢。机座另一端钻好直径2毫米轴孔，两面都弯成直角，以便装在底盘上。

铝板　钻孔铆牢　卷起

图4-5-4　电动机座的制作

3. 安装

（1）前轮和前轴的安装

安装方法如图4-5-5所示。把长140～160毫米的前轴插入车架轴孔，由于轴孔略小，轴插入后就不会松动。如果事先在轴孔内滴上一点502胶水，就会更加牢固。

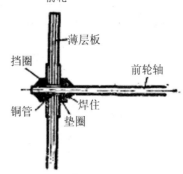

前轮　薄层板　前轮轴　挡圈　铜管　焊住　垫圈

图4-5-5　前轴和前轮的安装

每只前轮内侧轴上都先焊上挡圈，套入内垫圈，装上轮子，再套入外垫圈，然后焊上外侧挡圈，前轮便装好了。在铜管同轴之间点上一些缝纫机油，可以使车轮转动更加灵活。

（2）后轮和后轴的安装

把驱动轮嵌入底盘的轮槽中，在车轮两侧垫上垫圈，使车轮在槽内沿轴向有0.5毫米的间隙，然后插入轮轴，轮轴两端套入垫片焊牢。在铜管和轴之间点上缝纫机油，驱动轮就装好了。

（3）传动机构的安装

电动机座用一轴同底盘连接，轴的两端用垫片焊牢，并使摩擦轮同驱动轮紧靠。

电池用橡筋圈捆扎在机座上，导线直接焊接在电池的两极上。这样做，虽然更换电池较麻烦，但电路连接可靠，行驶时不怕颠簸。

4. 试车和调整

接通电源。先在车辆模型不着地的情况下，检查车轮转动是否灵活，转向是否正确。如果转动方向相反，只要把电动机上两根导线接头互换一下就可以了。

选择平整的水泥地或者柏油路，一人接通电源放车，另一人在前方守候，以免车辆模型跑出场地撞到障碍物上。

车辆模型行驶如果偏转拐弯，可以稍微弯转前轮轴来调整。调整要细心，弯转前轴前要让车辆模型多跑几次，弄清偏载方向再行调整。

5. 改进

底盘和前轴的长度适当加大些，可以使车辆模型行驶平稳，保持行驶的直线性。但尺寸过大又会使车辆模型自重增加，降低行驶速度，因此要妥善地处理好这两者间的关系。

改变摩擦轮的大小，可以找到发挥速度的最佳直径。用较粗的漆包线改绕电动机转子线圈，可以增加电动机的功率，提高行驶速度。

这种车辆模型可以在规定电源和电动机的前提下，组织直线竞速比赛。

蜗轮蜗杆传动电动四轮车模型

这里介绍的车辆模型是一辆蜗轮蜗杆传动的电动车辆模型。蜗轮蜗杆机构，是一种大幅度的减速传动机构。车辆模型用这种传动机构，可以获得较大的减速比，能够使驱动轮获得较大的扭力。

1. 结构原理

这辆车辆模型由前轮、后轮、前桥、后桥、电动机、蜗轮蜗杆、底盘等部分组成，如图4—6—1所示。前轮是被动轮，后轮是驱动轮，前桥和后桥分别把前后轮同底盘连接起来。

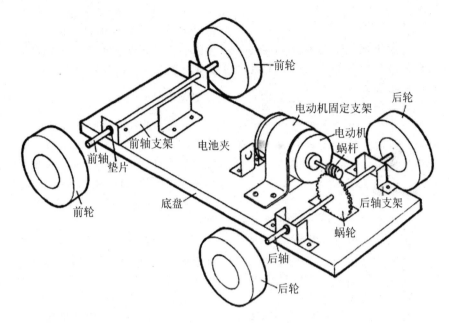

图4-6-1 蜗轮杆传动电动车辆模型实体图

　　这辆车辆模型的动力传递方式同单级齿轮传动橡筋动力车辆模型类似。不同的是，它以蜗杆带动蜗轮实现减速传动。蜗轮蜗杆动力传递机构的特点是蜗杆转一圈，蜗轮转一齿，如图4-6-2所示。

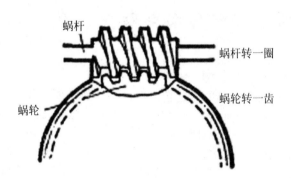

图4-6-2 蜗轮蜗杆传递机构特点

2. 零部件的材料选用和制作

　　部分零部件的材料的选用和尺寸如图4-6-3所示。

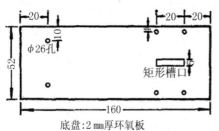
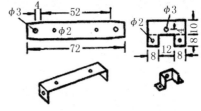

底盘：2㎜厚环氧板　　　　前轴支架：马口铁皮　　后轴支架：铝皮

图4-6-3　零部件的材料选用和尺寸

（1）前后轮

采用直径44毫米、厚度10毫米的玩具车轮。

（2）底盘

采用厚2毫米、宽52毫米、长160毫米环氧板。按图4-6-3所示位置钻6个直径2毫米的固定孔，并且开出安装蜗轮的矩形槽口。开槽口可以先用手摇钻钻一条槽沟，再用什锦锉锉成。

（3）前桥和后桥

前后轴支架按图4-6-3所示裁剪后，先钻直径2毫米的固定孔，然后按虚线弯折成。前后轮支架上的轴孔一定要打准，以保证底盘弯折后两个轴孔在一条轴线上。

前后车轴采用两根直径3毫米、长84毫米的销子钢制作。前轴安装比较简单，把前车轴穿入前轮支架的轴孔内，并且在车轮支架的外侧1.5毫米处各焊上一片车轴定位垫片就可以了。后轴安装必须注意先后顺序，后轴先穿进蜗轮，用502胶水把蜗轮紧固在后轴中，再由轴的两端穿入两只后轴支架，找好位置把后轴支架固定底盘上，然后在支架外侧离轴两端7毫米处焊一片车轴定位垫片。

（4）电动机固定支架

它的尺寸由电动机决定。如果采用WZY-131电动机，可以用宽15毫米、长87毫米的马口铁皮制作，依照尺寸在两端钻出直径3毫米的固定孔，弯成圆弧紧固电动机。电动机下面的垫板采用5毫米厚的松木条制作。电池夹用磷铜片裁剪成，钻出固定孔。

（5）蜗轮、蜗杆

蜗轮、蜗杆可到玩具商店购买市售成品，买不到也可自制，方法如下：

裸铜丝圈间距要等于蜗轮螺距

蜗杆轴

用锡焊焊牢并用锉刀修光

图4-6-4　自制蜗杆

先找一个 40～50 牙的钟表齿轮或者玩具齿轮做蜗轮。它的最大直径最好不要大于 23 毫米，因为直径过大，电动机轴就需要加长。再找一条直径 2 毫米的钢丝做轴，在它上面用线径 1 毫米的裸铜丝，间绕 5～6 圈，做成像螺丝钉一样的螺旋形状，如图 4－6－4 所示。铜丝的间距要等于蜗轮上两齿之间的距离。螺纹距离调整好以后，要把裸铜丝焊牢在轴上，再用什锦细锉整形，使它能在蜗轮齿之间顺利地来回转动，不发生卡齿现象。这样，蜗轮蜗杆传动机构就制作好了。

3. **安装**

（1）前后桥的安装

前后桥的组件制作好后，用直径 2 毫米的螺丝螺母安装在底盘上。安装的时候，要注意后车轴的轴向位置和轴向间隙，使蜗轮蜗杆处于最佳啮合状态。前后桥安装以后，把前后车轮紧固在车轴上，并用环氧树脂胶黏结。

（2）电动机和传动机构的安装

安装方法如图 4－6－5 所示。先把蜗杆用 502 胶水黏结在电动机上。如果是自制的蜗杆，必须加接内径 2 毫米的铜套管。蜗杆黏好后，把电动机放置在垫板上，使蜗杆同后车轴上的蜗轮啮合，它们的最佳啮合状态是：蜗杆跟蜗轮水平相切，并且蜗杆中部同蜗轮上缘轮齿恰好啮合。位置确定后就可把电动机安装在底盘上。最后安装好电池夹和电源开关。

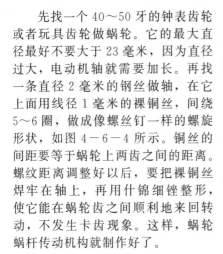

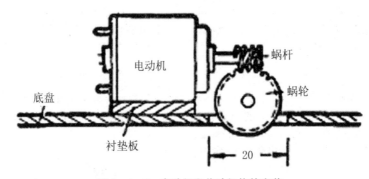

电动机

蜗杆

蜗轮

底盘

衬垫板

20

图 4－6－5　电动机和传动机构的安装

4. **调整**

①行车方向的调整可以通过改变前桥安装位置来实现。

②蜗轮、蜗杆啮合状态，可以移动电动机前后位置和改变垫板厚度来调节。

这种车辆模型，可以用来进行 30 米直线竞速比赛。

水陆两用电动装甲车模型

这节介绍的水陆两用车辆模型，在陆上通过履带式运行机构驱动，在水中由螺旋推进器推动，并且两种驱动状态可以自动转换。由于它要在水中行驶，所以制作时应充分考虑到车体的密封性，要严防渗水。

1. 结构原理

水陆两用车辆模型的实体图如图 4—7—1 所示，它的两组动力传动机构合用一组电源供电，两只电动机的通断，由浮子式电源开关切换，如图 4—7—2 所示。

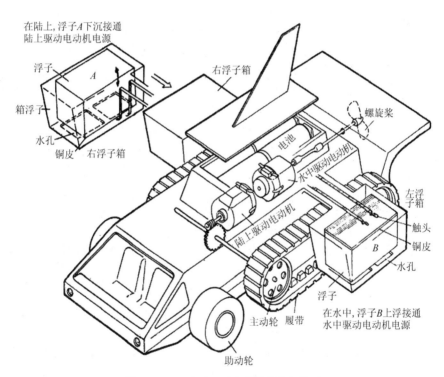

在陆上,浮子A下沉接通
陆上驱动电动机电源

浮子

箱浮子

水孔

铜皮   右浮子箱

右浮子箱

螺旋桨

电池

水中驱动电动机

左浮子箱

触头

铜皮

水孔

浮子

在水中,浮子B上浮接通
水中驱动电动机电源

陆上驱动电动机

主动轮   履带

助动轮

图 4—7—1   水陆两用电动装甲车辆模型

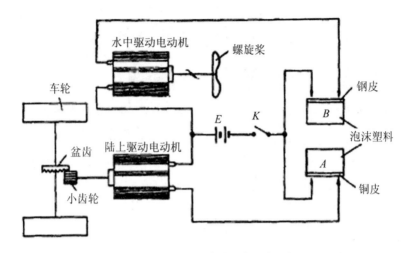

图 4－7－2　两只电动机电路的切换

在陆上，车体两侧浮子箱中的浮子下沉，右边浮子 A 下面的铜皮使两个铜片触头接通。陆上驱动电动机转动，通过蜗轮蜗杆传动机构把动力传递给主动轮，车辆模型前进。在水中，水从浮子箱下面的进水口进入，浮子上浮，左边浮子 B 上面的铜皮使两个铜片触头接通，水中驱动电动机转动，通过软轴传动机构把动力传递给车尾的螺旋桨，车辆模型筑在水中前进。

2. 零部件的制作

（1）车身的制作

车身可以用木板和环氧板制作，按图 4－7－1 所示。用环氧板制作一个上口长 190 毫米、宽 66 毫米，下口长 250 毫米、宽 90 毫米梯形车体。用环氧树脂把每条接缝都认真黏结，不得渗水。特别是车轴和软轴的安装应该使用密封性较好的铜轴套，并且在铜轴套管和螺旋桨轴的套管中注入润滑脂，这样一方面起润滑作用，另一方面防止进水。

（2）后托带轮的制作

用厚 20 毫米废塑料鞋底制成两个直径 21.5 毫米的车轮，中间钻孔，轮子和履带接触面的中间削出一条宽 12 毫米、深 2.5 毫米的凹槽，让履带齿从中间顺利通过。

（3）主动轮的制作

用塑料板削出两个直径 21.5 毫米、厚 10 毫米的轮子，中间钻孔，在轮的上面等距离黏结 6 只棱台形履带齿。

履带齿用塑料板制作，上底 2.4 毫米×8 毫米、下底 4 毫米×10 毫米、高 2.5 毫米。制作履带时也要做履带齿，最好一次做出 70 只，左右主动轮共用 12 只，余下的制作履带时使用。

（4）履带的制作

用宽 20 毫米、长 375 毫米的细帆布作履带的主体，用硬纸板剪出 120 片 10 毫米×20 毫米履带片，再用白铁皮剪出 60 片 10 毫米×42 毫米铁片，纸片和铁片的尺寸要剪裁得很准确，把帆布条平摊在工作板上，两端用图钉订牢，用乳胶把纸片黏贴在布条上。纸片之间的间距为 2.5 毫米，每一条黏贴 30 片。一面贴好后，翻过来在相对位置黏贴另一面。等胶干固后取下布条。在每一节纸板的两面上涂上环氧树脂胶水、用铁片从前面到后面横着把每一节包好黏牢，铁片的衔接处再焊好。在履带的里面，把履带齿一只一只地黏贴到铁片上，履带齿的间距要和主动轮齿啮合，安装好以后把履带首尾相接，用针线缝合成环形履带，在缝合处再安装一节履带片，最后在帆布相纸板间隙处涂上桐油或清漆。

（5）传动机构的制作

先把蜗杆用 502 胶水黏结在电动机轴上，把蜗轮安装在主动轮轴上，使蜗杆蜗轮啮合，如图 4—7—1 所示，然后将陆上驱动电动机固定在车身上。

软轴传动机构的制作：用一段铜套管，穿出车体后壁，用环氧树脂胶黏牢，再将螺旋桨轴（用自行车条做）穿入套管中，用一段塑料管（也可以用弹簧）两端分别紧箍在电动机轴和螺旋桨轴上，并把水上驱动电动机固定在车身上，这样软轴传动机构就制作好了。

螺旋桨可以自行削制，也可以采用市售塑制成品。

（6）浮子式电源开关的制作

水箱用环氧板制作，底部开两个进水槽。触点开关触头用厚 1 毫米、宽 3 毫米、长 55 毫米的磷铜片制作，前端弯一个小弯，以保证它同浮子上面或下面的铜片接触良好。

浮子用泡沫塑料制作。浮子 A 的下表面和浮子 B 的上表面分别用环氧树脂黏贴两块覆铜板、铜面朝外。浮子放在水箱中。

3. 组装

车轴、螺旋桨轴的安装都应使用密封性较好的铜轴套管，并在铜轴套管中注入润滑脂，一方面起到润滑作用，另一方面防止进水。把主动轮、托带轮、助动轮和车轴连接牢固，然后套上履带圈，让履带齿和主动轮齿啮合。最后把电池盒黏贴在车身上，装入 4 节五号电池，用导线按图 4—7—2 所示连接好即可。

4. 试车调整

接通总开关。如陆上驱动电动机不转，有两种可能：①水箱触点是否接触不好；②蜗轮、蜗杆是否啮合。如不啮合调整电动机左右或高低的位置。下水后，如水上驱动电动机不转，检查触点是否接触不好，调整接触点。

电动叉车模型

这节介绍的电动叉车模型是一种装卸专用的叉车模型，它采用三只电动机和三组传动机构，通过有线操纵可以完成前进、倒退、转向和货叉的升降动作。三只电动机由一组电源供电，叉车运行和装卸动作分别由三只单刀双掷开关控制。

1. 结构原理

叉车模型的结构如图 4－8－1a 所示。它采取前轮驱动方式，由主动轮电动机 A 输出动力，通过变速齿轮箱减速后传递给前车轴，驱动车辆行驶。

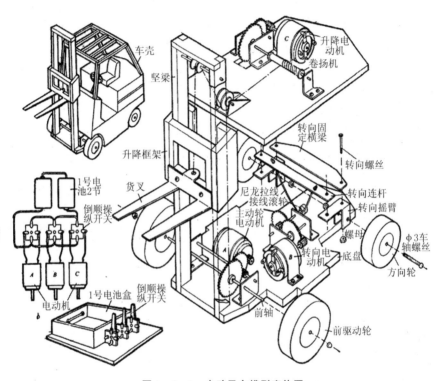

图 4－8－1　电动叉车模型实体图

车辆模型的转向机构由固定横梁、转向连杆和转向摇臂组成，用来控制叉车行驶方向。转向电动机 B 通过变速齿轮箱，把动力传递给拉线滚轮，滚轮上缠绕着尼龙拉线，拉线两端拴在转向连杆上。

当拉线滚轮转动的时候，尼龙线牵引转向连杆左右移动，带动左右转向摇臂绕转向螺丝转动。因为后车轴是安装在转向摇臂上的。随着转向摇臂转动，后车轮就改变方向。这种拉线式转向机构有点像木工用的皮带钻。

叉车的起重装置由货叉、升降框架、竖梁、定滑轮组和卷扬机组成，它们由升降电动机，通过变速齿轮箱牵引。当电动机正转的时候，升降框架上升，反转的时候，升降框架由于重力的作用而下降。

2. 零部件的选用和制作

（1）车轮的选用

车轮采用直径 40 毫米、厚 10 毫米的玩具车轮。

（2）底盘的制作

底盘采用 6 毫米厚的硬塑料板制作，以保证一定的机械强度。

（3）起重装置的制作

竖梁和升降框架用木纹细密而且强度较大的桦木条制作。货叉用 0.7～1 毫米厚的镀锌铁皮制作。起重装置各活动部件之间要注意尽可能减少摩擦，升降框架同竖梁的配合要有一定的间隙，接触面要非常光滑。卷扬机中的绞绳滚轮以及各转动轴要加润滑油。

（4）传动机构的制作

电动机采用 WZY－151 型玩具电动机。它的固定支架可以用 0.5 毫米厚的铝皮制作。三组变速齿轮箱可以自制，也可以采用玩具减速齿轮箱。

（5）转向机构的制作

转向连杆同转向摇臂可以用空心铆钉松铆接，使它们能够自由转动，转向电动机动力输出轴可以用锉刀适当锉毛，以增加尼龙线绞绕时的牵引力。尼龙线两端连接转向摇臂时，绳的松紧程度要调整到能够牵拉连杆灵活左右移动。

（6）操纵装置的制作

可以用有机玻璃板制作。电池盒放置两节 1 号干电池，电源正负极触片和闸刀开关触片可以用 0.8 毫米厚的磷钢片制作。三个电动机和倒顺操纵开关的接线如图 4－8－1b 所示。

（7）外壳的制作

可以松木钣制成，并且进行必要的装潢。电动叉车模型的外形如图 4－8－1c 所示。

太阳能电动车模型

这里介绍的太阳能电动车辆模型是一种以太阳能电池作动力源的车辆模型。太阳能电池是直接把光能转变成电能的半导体器件，是一种效率高、无污染的新型能源。

一、太阳能电动客车模型

太阳能电动客车模型的外形如图 4－9－1 所示，这种车辆模型的电动机功率小，车顶受光面积要大，能适应太阳能电池供电的特点。

图 4－9－1　太阳能电动客车模型外形图

1. 结构原理

太阳能电动客车模型由前轮、前桥、后轮、后桥、底盘、车壳、电动机和太阳能电池等部分组成。它的传动机构采用单轮直接传动方式，采用太阳能电池供电。

太阳能电池也就是光电池，它由 PN 结、薄膜受光面、电极和引线等组成，如图 4－9－2 所示。当光电池的引线和电极之间接上负载的时候，如果无光照射，外电路没有电流通过；如果有光照射，大量的空穴从 P 区进入 N 区，大量的电子从 N 区进入 P 区，使电极和引线之间产生电压，外电路就会有电流通过。这时候光电池就作为电源向外供电。

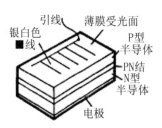
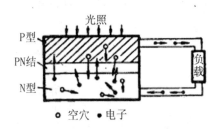

图 4－9－2　光电池的结构和电路

2. 光电池的选用和安装

光电池可以选用 2DR4 型的低阻硅光电池。它的每块面积是 20 毫米×20 毫米，开路电压是 550～580 毫伏，短路电流是 90～110 毫安。在使用之前，要认真测试每一块光电池的好坏，并且挑选出参数相同或相近的 32 块光电池。按图 4－9－3 的方式每 8 块串联起来又相互并联，以满足电动机对电压和电流的需要。

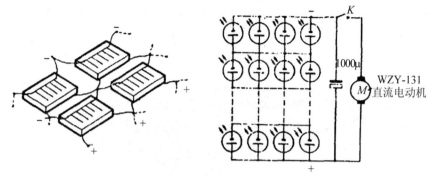

图4－9－3　光电池的串并联方式

　　由于采用这种连接方式，当某块光电池损坏失效的时候，也不会影响其他光电池供电。业余制作对光电池的要求不太严格。一般处理品也可以使用。

　　如果对光电池的型号不清楚，可以用万用电表进行测试。万用电表的选择开关旋到直流电压0.5伏档。红表棒接在光电池受光栅线上，黑表棒接在底板引线上，如图4－9－4所示。当有光照射的时候，指针正向偏转，说明光电池是2CR型，反之是2DR型。

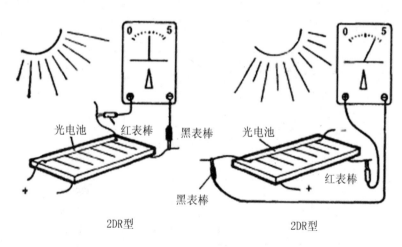

2DR型　　　　　　　　　2DR型

图4－9－4　硅光电池型号的测试

　　硅光电池很薄，质脆易碎，在它上面的一氧化硅蓝薄膜又容易脱落。因此，要把它们安放在透光性能好的电池盒内。电池盒的尺寸如图4－9－5所示，用1毫米厚的有机玻璃制作，用氯仿黏结。先把分组串并联好的硅光电池黏在有机玻璃底板上，再黏合边框，最后盖上面的透明面板。电池盒用4对直径2毫米的螺丝螺母固定在车顶上。电池的正负引线从车顶孔中穿入车内，焊在开关和电动机上。

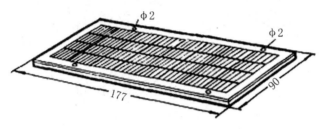

图4-9-5 硅光电池盒的尺寸

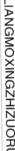
3. 供电方式的改进

硅光电池体积小、重量轻、寿命长，但它只能在有光照射的情况下使用。为了持续供电，通常把硅光电池组和镍镉电池组配合使用。当有光照射的时候，由硅光电池组向负载供电，同时也给镍镉电池组充电。无光照射的时候，再由镍镉电池组向负载供电。图4-9-6是硅光电池组和镍镉电池组互补供电原理图。图中接入一只防止电流逆流的保护二极管，它的耐压要大于硅光电池组的最高输出电压，它的最大允许通过电流要大于硅光电池组的最大输出电流。

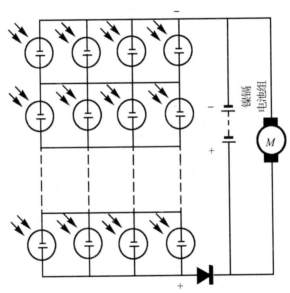

图4-9-6 硅光电池组和镍镉电池组互补供电原理图

84

二、双轮直接驱动太阳能电动车模

双轮直接驱动太阳能电动车模是一种制作较为简单又可进行竞速比赛的太阳能车模，它使用一种能直接将光能转变为电能的硅太阳能电池片作动力源，驱动小功率电动机，从而带动模型行驶。

1. 材料

硅光电池板 1 块（受光面积 8 平方厘米、开路电压 5 伏、短路电流 100 毫安左右的市售成品）两头加长轴 131 玩具电动机 1 只，直径 0.1 毫米漆包线 1 卷，单股塑料电线 1 根，3 毫米×8 毫米×200 毫米桐木条 1 根，海绵双面胶带 1 条，8 毫米宽易拉罐铝皮 2 条、M2 螺丝钉及螺母各 3 只，502 胶水，松香，焊锡，内径 2 毫米塑料套管 1 段，直径 2 毫米×20 毫米钢丝 1 根，直径 10 毫米有机玻璃纽扣 2 粒，直径 28 毫米有机玻璃纽扣 2 粒。

2. 制作

（1）电动机的改绕

由于太阳能电池片的供电特点，在制作太阳能车横前必须对电动机进行改绕。先将电动机端盖拆下，取出转子，将三组线圈分别拆下（拆线圈时应注意它们的绕法及焊法），再用直径 0.1 毫米漆包线按原来绕法分别绕上（每组线圈绕 250 圈左右），并将线头用细砂纸清擦再用电烙铁焊牢，然后按原样装进电动机壳内，盖上端盖。

（2）车身的制作

取 3 毫米×8 毫米×250 毫米桐木条，按图 4－9－7 中所示用手摇钻钻孔，并将后端面用砂纸磨成内凹弧形。

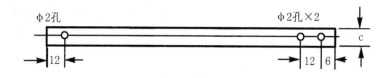

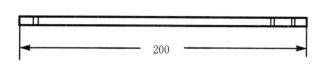

图 4－9－7　车身的制作

（3）电动机及前后轮的安装

用 8 毫米宽易拉罐铝皮一条，包在电动机外，并用 2 只 M2 螺丝钉及螺母和百得胶将铝皮两端如图 4－9－8 所示固定在车身上。取另一条 8 毫米宽铝皮包在塑料套管外面，

85

并如图 4 - 9 - 8 所示用 M2 螺丝钉及螺母固定在车身前端。塑料套管内穿入直径 2×20（毫米）钢丝，将直径 10 毫米的有机玻璃纽扣 2 粒的中心分别钻出直径 2 毫米的孔，套

在前轮轴两端，用 502 胶水胶牢。再将直径 28 毫米的 2 粒纽扣中心分别钻出 62 毫米的孔，分别套在电动机轴两端，也用 502 胶水胶牢。

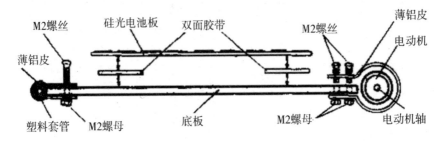

图 4 - 9 - 8　车体装配图

（4）试车

将电池片用双面胶带黏在车身上面（黏时电池片中心线要对齐车身中心线）。用电烙铁将电池片正负极引出线分别焊在电动机正负极上，然后将模型置于直射阳光下，模型就行驶了。若光线斜射，可将电池片位置进行调整，使之受光面正对着阳光，模型动能恢复正常行驶。

3. 比赛

双轮直接驱动太阳能电动车模可进行直线行驶方向及速度竞赛。选一狭长平地，设一端为启航线，另一端为终点线，终点线设若干个标门，中央标门分值最高，向两侧方向标门分值递减。竞赛时以能进入高分值标门的车模为优胜者。

自控电动车模型

一、声控电动车模型

这里介绍的声控电动车辆装有声控接收机，它是用较低频率的哨声或者掌声来控制的。当声源每发一次声音信号，声控接收机的电子电路就翻转一次，从而使车辆模型实现前进和倒退的变换。

1. 结构原理

图 4 - 10 - 1 是声控车辆模型的实体图。它的机械结构和一般电动车辆模型基本相同，只是增加了中间导向轮转向机构和声电控制机构。

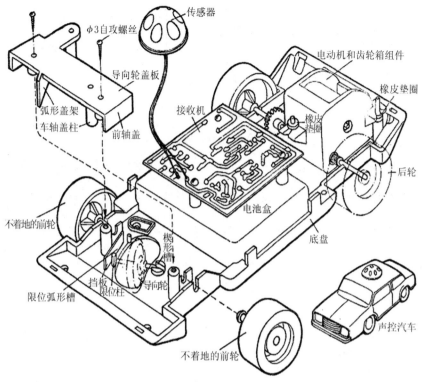

传感器

φ3自攻螺丝

导向轮盖板

弧形盖架

车轴盖柱

前轴盖

接收机

不着地的前轮

楔形槽

挡板
限位柱

限位弧形槽

导向轮

不着地的前轮

电动机和齿轮箱组件

橡皮垫圈

橡皮挡圈

后轮

电池盒

底盘

声控汽车

图 4—10—1　声控车辆模型的实体图

（1）中间导向轮转向机构

中间导向轮转向机构由导向轮、导向轮轴、楔形槽、限位弧形槽、限位柱等组成。导向轮放在底盘的腰形槽内，导向轮轴左端放入楔形槽内，右端放在限位弧形槽内，并且可以在两根限位柱之间滑动。导向轮轴以楔形槽为圆心，能在 0°和 38°之间转动。当车辆模型前进的时候，导向轮轴右端紧靠后面的限位柱，车辆模型直线行驶；当车辆模型后退的时候，导向轮轴右端紧靠后面的限位柱，车辆模型转弯行驶。

使用这种转向机构，如果操纵得当，同样可以走比较复杂的行车路线，如图 4—10—2 所示。图中实线表示车辆向前直线行驶，虚线表示车辆向后转弯行驶。

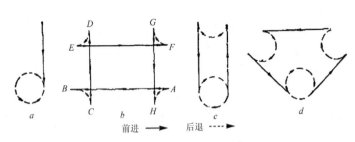

图4—10—2　几种行驶路线示意图

（2）声电控制机构

声电控制机构由传感器、前置放大电路、电子开关电路、驱动执行机构等组成。它的作用是每接收到一次声音信号，电动机的转向就改变一次。图4—10—3是声控接收机电路图。

图中 CG 是传感器，实际上是一个话筒，它把哨声或掌声变成微弱的电信号，通过 C_1 到 BG_1。BG_1 是前置放大电路，它把微弱电信号放大，通过 C_2 送到 BG_2。BG_2 和 BG_3 是单态触发器，当有信号输入的时候就会产生一个脉冲信号，通过 C_4 送到 BG_4。BG_4

和 BG_5 是稳态触发器，当有一个脉冲信号输入的时候就会翻转，原来输出端 A 点是高电位就会变成低电位，原来 A 点是低电位就会变成高电位，并且能稳定下来，直到第二个脉冲信号输入的时候翻转。BG_6 和 J 是执行机构，当 A 点是高电位的时候，BG_6 导通，继电器 J 吸合，电动机正转（或反转）；当 A 点是低电位的时候，BG_6 截止，继电器 J 释放，电动机反转（或正转）。这样一来，每有一次声音信号输入，电动机就会改变一次旋转方向，达到声控的目的。

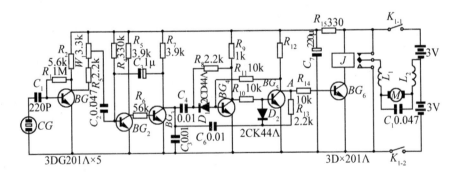

图4—10—3　声控接收机电路图

2. 零部件制作和安装

（1）车轮和车轴的选用

前后轮都采用直径 30 毫米、厚度 12 毫米玩具车轮。前轴采用直径 2 毫米、长 20 毫米的螺丝做成，直接让螺丝旋进车轮轴孔中。另外，还用螺母把前轴固定在前轮固定支架槽内。前轮要离地面 1～2 毫米，它只起装饰作用。

（2）底盘的制作

底盘可采用厚 3 毫米的有机玻璃板制。在适当地方挖出腰形槽和前后轮缺口，如图 4－10－4 所示。

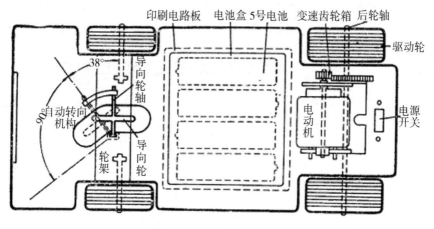

图 4－10－4　底盘的制作

（3）自动转向机构的制作

导向轮采用直径 25 毫米、厚 7 毫米的玩具车轮，车轴采用直径 2 毫米、长 24 毫米的销子钢制作，车轴同车轮要紧固连接。楔形槽、限位弧形槽、限位柱可以用塑料板或者有机玻璃制作，用环氧树脂胶水黏结在底盘上。导向轮盖板、弧形盖架、前轴轮柱等都可以用有机玻璃板制作。弧形盖架是把有机玻璃加热变成的。导向轮盖板用直径 3 毫米、长 6 毫米的自攻螺丝紧固在底盘的固定柱上，它两侧的前轴盖架正好压住前轴支架槽口。

（4）电池盒的制作

用有机玻璃制成长 68 毫米、宽 57 毫米、高 17 毫米的电池盒，在它的上盖钻 3 个安装印刷电路板的孔。

（5）动力装置的安装

可以采用市售塑料封装的电动机和四级减速齿轮箱级件。用直径 3 毫米、长 72 毫米的销子钢把动力输出轴加长，作为后车轴。为了减少电动机和传动装置产生的声音对传感器的干扰，动力装置和底盘之间要垫上橡皮垫圈。

（6）传感器的安装

用有机玻璃制作一个盒，盒底钻一个孔。用海绵或泡沫塑料把传感器四周裹好，放入盒中，传感器的引出线从盒底的孔中穿出。在车壳顶部钻若干个传声孔。然后用环氧树脂胶水黏结在车壳顶部，如图4—10—5所示。

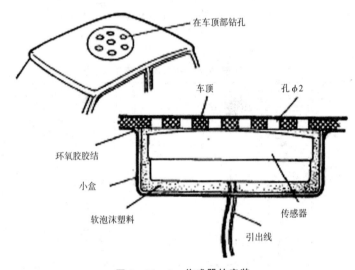

图4—10—5　传感器的安装

3. 声控接收机的安装和调整

声控接收机所用元器件如图4—10—3，传感器用驻极体电容话筒，也可以用高阻代替。按照电路图把电子元器件焊接在印刷电路板上，检查无误后就可以调试。

开始调试的时候，先不要接上传感器。接通电源后，BG_1 基极对地电压应是 0.2 伏左右，处于截止状态。这时候，单稳态触发器处在稳定状态，BG_2 导通，BG_3 截止。如果用螺丝刀触一下。BG_2 基极，BG_2 的集电极电压会从 0.2 变到 4 伏再回到 0.2 伏，BG_3 集电极电压会从 4 伏变到 0.2 伏，BG_3 的集电极电压会从 4 伏变到 0.2 伏再回到 4 伏。这表明单稳压触发器工作正常。用螺丝刀触一下 BG_3 的集电极，双态触发器能够翻转，电动机改变旋转方向，并且能够稳定下来，这表明双稳压触发器和执行机构工作正常。

然后接上传感器，每次拍掌或轻触传感器，电动机都能改变旋转方向，表明声控按收机调整好了。

二、声控消防车模型

这里介绍的消防车模型也是一辆声控电动车辆模型。它由声

90

控系统切换动力电源，控制车辆模型前进和在原地进行升降臂操作。这辆消防车模型的声控电路简单，不用继电器和舵机就能直接切换两只电动机的电源，它有两只电动机，一只是动力电动机，用来驱动车辆模型前进，另一只是操作电动机，用来控制升降臂的升降动作；它有一套机械式升降臂自动操纵系统，这种操纵系统结构简单，取材方便，容易制作。

1. 结构原理

消防车的结构如图4—10—6所示。它和一般电动车辆模型基本相同。不同的是，它采用前轮驱动方式，动力传动机构和升降臂操纵机构组装在底盘前面的齿轮箱内。升降臂安装在底盘后面的底座上，声控接收机和电源安装在底盘中部。

声控电路处于前进状态时，动力电动机电源被接通，从而驱动消防车前进。声控电路处于停车状态时，操作电动机电源被接通，从而带动操纵机构使升降臂完成上升和下降动作。

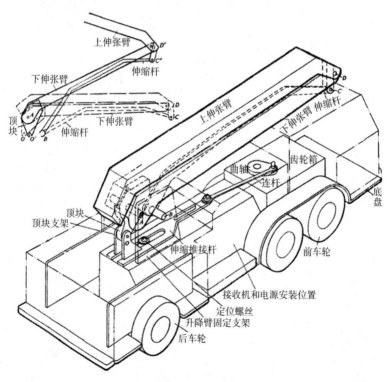

图4—10—6　声控消防车模型实体图

(1) 声控系统

声控系统由手捏发声器和声控接收机组成。手捏发声器是一只装有橡皮球的哨子。声控接收机由传感器，双T选频放大器、双稳态电路和桥式放大器等组成，如图4—10—7所示。

传感器（MJC）接收到的指令信号，经BG_1和BG_2组成的双T选频放大器放大，放大后的电信号由

C_4（或C_5）耦合到由BG_3和BG_4组成的双稳态电路，如果这时BG_3截止，BG_4导通，那么桥式放大器中的BG_7和BG_8导通，电动机M_2旋转，并通过减速齿轮组带动驱动轮，使消防车向前行驶。手捏发声器再发信号，双稳态电路翻转。这时BG_3导通，BG_4截止，使桥式放大器中的BG_6和BG_7导通，电动机M_1转动，为升降臂自动控制系统提供动力。

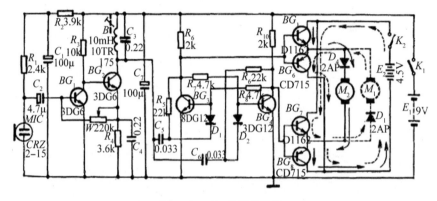

图4—10—7　声控接收机

(2) 机械式升降臂自动控制系统

机械式升降臂自动控制系统包括曲轴连杆机构和自动升降臂两个部分。曲轴连杆机构由操作电动机、减速齿轮组、曲轴、连杆、伸缩推拉杆等组成。自动升降臂由顶块、伸缩杆、上伸张臂和下伸张臂组成。

声控电路处于操作状态的时候，操作电动机M_1转动，经减速齿轮组带动曲轴转动，由连杆把曲轴的转动变为伸缩推拉杆的平动。伸缩推拉杆推拉顶块，控制升降臂的上升

和下降。

为了弄清升降臂的升降动作，把它的四个轴心 A、B、C、D 标明画在图4—10—6上。伸缩推拉杆通过活动槽口 O 把动力作用在顶块上，当伸缩杆向车前平动的时候，推动顶块槽口 O 向前运动到 O′，这时顶块绕轴心 A 转动，同顶块紧固连接的下伸张臂向上顶。下伸张臂另一端的轴心 D 沿弧线上移到 D′的时候，上伸张臂同伸缩杆的联动轴心 C 沿弧线上移到 C′。由于伸缩杆是绕轴心 B 转动的，上伸张臂就要绕轴心 D 转动。完成升张动作。相反，

当伸缩杆向车后平动的时候，顶块槽口 O' 返回 O，升降臂就要下降收拢复原。

声控电路处于操作状态的时候，电动机通过曲轴连杆机构使伸缩杆往返运动，升降臂的升降动作将反复进行，直到发声器再一次发出信号，使声控电路翻转，消防车才变换成向前行驶。

2. 零部件的选用和制作

（1）升降臂的制作

上、下伸张臂用马口铁皮裁剪焊接。伸缩杆用厚 2 毫米的环氧树脂板制作。顶块用厚 6 毫米的硬塑料板制作。转轴 B 采用直径 4 毫米的螺丝做成，A、C、D 三轴都用直径 4 毫米的销子钢制作。升降臂固定支架用厚 6 毫米的硬塑料板制作。

（2）曲轴连杆机构的制作

操作电动机采用 WZY－131 型的玩具电动机。减速装置最好采用大减速比的蜗轮蜗杆传动机构，都装在电力传动机构的齿轮箱里。曲轴、顶块支架用厚 4 毫米塑料板制作。连杆和伸缩杆用厚 2 毫米环氧树脂板制作。顶块支架用厚 1 毫米的塑料板制作。

（3）声控系统

接收机按照电原理图选用电子元器件，只要焊接无误一般都能工作。

3. 整体组装

（1）曲轴连杆机构的安装

把曲轴紧固连接在减速齿轮箱的动力输出轴上，连杆、曲轴和伸缩杆松紧配合。定位栓安装在伸缩杆的限位滑槽中，使伸缩推拉杆只能前后推拉，不能左右移动；顶块支架用环氧树脂胶黏结在伸缩推拉杆上。

（2）升降臂的安装

用自攻螺丝把两块升降臂固定支架安装在底座上。转轴 B 穿入右固定支架轴孔、伸缩杆轴孔、左固定支架轴孔后用螺母固定。转轴 A 穿入右固定支架轴孔、下伸张臂、顶块、左固定支架轴孔，然后在转轴两端插入定位插销锁定。伸缩杆的另一端以 C 为轴心同上伸张臂松紧配合；下伸张臂的另一端以 D 为轴心同上伸张臂松紧配合。

三、光控电动车辆模型

这里介绍的光控电动车辆模型，能够沿着一条 8 毫米宽的白色行驶线路前进；在白色行驶线路的拐弯处，伴随着信号灯的闪闪发光，喇叭会发出阵阵长鸣。

1. 结构原理

这辆车辆模型的底盘、前后轮、前后桥、动力电动机和变速箱等机械结构和一般电动车辆模型基本相同。它的特殊点主要是增加了光电控制转向机构。它的光电控制电路由光源、受光器、晶体管放大电路、继电器等组成，它控制着转向电动机正转和反转的动作转换。转向电动机又带动转矩输出盘、连杆、转向摇臂等实现前轮的转向。全车的总体结构如图 4－10－8 所示。

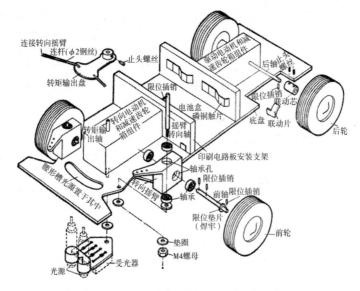

图4—10—8 光控电动车辆模型的实体安装图

图4—10—9是光电转换示意图。当车辆模型沿着白色行驶线直线行驶的时候，左右两只灯泡 ZD_1 和 ZD_2 发出的光线，照在白色路面上反射回来的光线，被两只受光器里的硅光电池 GD_1 和 GD_2 接收，产生两个大小相等的电动势，如图4—10—9a所示。这两个电动势，经过开关电路处理后，使转向电动机电路断开，转向电动机不转，车辆模型便在动力电动机的带动下直线前进。当车辆模型沿着白色行驶线转弯行驶的时候，两只灯泡 ZD_1 和 ZD_2 分别照在白色和黑色两种不同的路面上，白色路面能把 ZD_1 的光线反射到受光器 GD_1 上，而黑色路面把 ZD_2 的光线吸收掉。

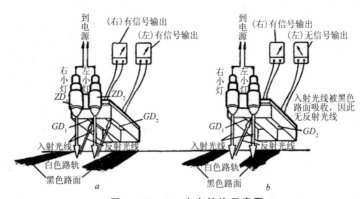

图4—10—9 光电转换示意图

94

如图4-10-9b所示。这时只有受光器GD_1产生电动势，由开关电处理后，使转向电动机电路接通，转向电动机带动转向机构使前轮转向，车辆模型就在动力电动机的推动下沿着弯道前进。

光控接收机的电路种类很多，有关书籍和杂志多有介绍，在制作中可根据具体情况参考选用。图4-10-10是一种比较容易制作的光控接收机电路，图中ZD_1和ZD_2是光源；GD_1和GD_2是受光器中的硅光电池；BG_1～BG_6组成左右两个开关电路；J_1、J_2是继电器，它们和转向电动机一起

组成执行机构。

在合上电源总开关K_1后，安装在车头底部的光源ZD_1和ZD_2发光，两束光向下照射，如果它们都照射到白色路面上，就会反射到两个硅光电池GD_1和GD_2上。硅光电池都要产生电动势，使BG_1、BG_3和BG_2、BG_4分别获得足够的正向偏压而充分导通，造成A点及A′点电位下降。这样，BG_5和BG_6都截止，继电器J_1、J_2处于释放状态，转向电动机的两端都接在电池负极上，因而不转动。车辆模型在动力电动驱动下，沿着白色直线轨道行驶。

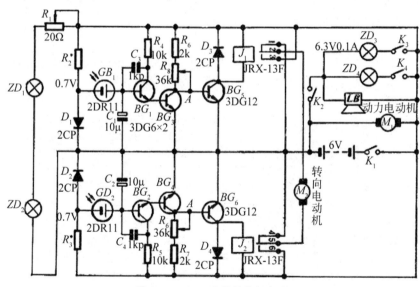

图4-10-10　光控接收机电路

当车辆模型行驶到白色右转弯道的时候，左灯ZD_2的光线照射到黑色路面上，由于没有反射光，GD_2不产生电动势，BG_2、BG_4处于截止状态，A′点电位上升，使

BG_6导通，继电器J_2吸合。但是，右灯ZD_1仍照射在白色路面上，GD_1产生电动势，BG_1、BG_3导通，BG_5截止，继电器J_1仍然处于释放状态。这样，转向电动机接通电源

而转动，经齿轮箱减速后，带动转矩输出盘，通过连杆使转向摇臂向右旋转，车辆模型就右转弯。直到 ZD_2 的光线回到白色路面上，GD_2 又产生电动势，BG_2、BG_4 导通，BG_6 截止，继电器 J_2 释放，转向电动机停转。

但是，这时前车轮仍处于右转弯状态，车辆模型会继续向右转弯，直到 ZD_1 照射到黑色路面上，GD_1 不产生电动势，BG_1、BG_3 截止，BG_5 导通，J_1 吸合，转向电动机反向转动，使转矩输出盘回中，车辆模型回到白色路面上行驶。由此可见，车辆模型自动转向的结果实现了对白色路面的跟踪。

2. 零部件的选用和制作

（1）车轮的选用

前轮和后轮都是采用直径 44 毫米、厚 10 毫米的玩具车轮。

（2）前桥的制作

转向摇臂兼做前轴支架，用 10 毫米厚的硬塑料板制作。它的轴承安装孔的直径是 6.5 毫米，用来紧固安装外径 6.9 毫米、内径 3 毫米的微型轴承。连杆用直径 2 毫米的钢丝弯制，转矩输出盘用厚 2 毫米的环氧树脂板制作。转向摇臂轴采用两副直径 3 毫米的螺丝做成，端头上钻一个直径 1 毫米的限位销孔。前轮轴采用直径 3 毫米、长 20 毫米的销子钢，钻出直径

1 毫米的限位销孔。

（3）后桥的制作

后轴采用直径 3 毫米、长 110 毫米的销子钢，它是减速齿轮箱中的动力输出齿轮的加长轴。

（4）底盘的制作

底盘采用长 240 毫米、宽 88 毫米、厚 3 毫米的环氧树脂板制作。前端开出安装槽口，中部安装电池支架。

（5）动力装置的制作

动力电动机和减速齿轮箱，转向电动机和减速齿轮箱，都采用市售成品。但是，由于市售电动机转速太高，要改绕原转子绕组，用直径 0.12 毫米的高强度漆包线在转子的三个极上分层密绕 250 圈。另外，两只减速齿轮箱的动力输出轴都要加长。动力减速齿轮箱的动力输出轴就是后车轴，转向减速齿轮箱的转矩输出轴采用直径 3 毫米、长 46 毫米的销子钢。

（6）光源的制作

选用两只集光性好、体积小的医用直肠镜小灯泡作光源。两只小灯泡和一只 20 欧的可变电阻串联起来，可变电阻用来调节灯泡的亮度。最好用磷铜皮做一个光源夹，焊接在受光器支架上，如图 4－10－11 所示。

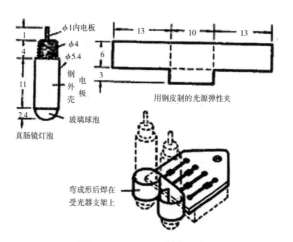

图 4－10－11 光源的制作

（7）受光器的制作

采用双面覆铜板，按图4－10－12的图形制成受光器支架。用铜皮做一个遮光盒，把它焊接在受器支架上。硅光电池采用两块长10毫米、宽5毫米的2DR11型，分别用502胶水黏牢在遮光盒内。遮光盒的作用是防止左右灯泡互相干扰和其他杂散光线的干扰。遮光盒的内壁要涂上黑漆。

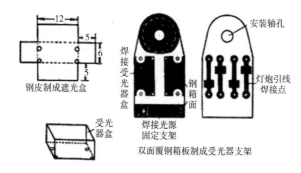

图 4－10－12 受光器的制作

（8）信号灯和音响器的选用

信号灯采用两只6.3伏、0.1安的小型灯泡，并安装灯罩。音响器和继线器可以用市售成品，继线器也可以按第八章中介绍的机械式声光电路制作。

（9）光控接收机元件选用

晶体管 $BG_1 \sim BG_4$ 用 36B6 型，BG_5、BG_6 用 DG12 型，以上各晶体

管的功率放大系数要大于60伏。二极管用2CP型，J_1、J_2都选用JRX—13F小型继电器。

3. 整体组装

（1）后齿轮箱和后轴附件的安装

用直径3毫米的螺丝螺母把后齿轮箱固定在底盘上。机械式声光电路可以安装在后齿轮箱上面。在后车轮内侧套上五齿凸轮，并用502胶水黏结。磷铜片触点开关D_4用支架安装在齿轮箱壳体上，五齿凸轮随后车轴转动，使K_4随着时开时关。

这辆模型采用间隙式差速器。安装后车轮时先往后轴两头分别套入联动芯，拧紧内侧止头螺丝。靠外侧的止头螺丝要足够长，突出在外，作为动力传递栓。为了减小动力传递过程中止头螺丝同联动片的冲撞，可以在传递栓上套一段橡皮管。联动片用电烙铁加热后插入橡塑后轮中。带铜轴套的后轮空套在后车轴上，传递栓推动联动片的突缘，从而带动后轮随后车轴旋转。

（2）前齿轮箱的安装

用直径3毫米的螺丝螺母把前齿轮箱安装在底盘上。它的转矩输出轴要同底盘垂直，输出轴的下端从底板孔中伸出。同受光器支架紧固连接。输出轴的上端同转矩输出盘紧固连接。这样受光器和转矩输出盘联动。

（3）前桥的安装

把两个微型轴承压入转向摇臂的上下轴承孔中，转向摇臂轴穿过微型轴承后紧固在底盘上。转向摇臂轴的上端穿入限位销钉，使转向摇臂上下限定，但能绕轴旋转。前车轴穿入转向摇臂的轴承内孔，在转向摇臂两侧用限位插销锁定。焊好限位垫片，把前车轮紧固连接在车轴上。转矩输出盘紧固在转矩输出轴上，并用连杆把转矩输出盘和转向摇臂连接起来。放正转矩输出盘，调整连杆长度，使前轴刚好垂直于车身纵线。转动转矩输出盘，前车轮就会跟着改变方向。

（4）光源和受光器的安装

让车底朝上，用环氧树脂胶水把受光器组件黏牢在转输出轴上。受光器同转矩输出盘上下对齐。硅光电池的引线要用多股塑料软线，焊接在印刷电路板上。

光控车辆模型制作的关键在于光源同硅光电池的配合。车辆模型平放路面上，遮光罩离路面约3毫米左右。光源照到白色路面后要能够准确反射到遮光罩内的硅光电池上。

4. 调整

把一张旁边黑色、中间有8毫米宽白色的纸条，放在光源下面左右移动，使继电器J_1、J_2做相应的动作反应。调整R_8、R_9的阻值，可以改变通过继电器的电流，保证继电器吸合和释放自如。调整R_2、R_3的阻值，可以改变D_1和D_2上的电压，以适应光源强度的改变。调试的时候，如果发现前轮转向同预定的方向相反，只要把转向电动机上的两根电源线对调一下就可以了。

无线电遥控车辆模型

无线电遥控车辆模型活动是颇受青少年喜爱的一项体育和科技相结合的项目，它既是锻炼身体、丰富生活的一种好形式，又是学习科学知识的一种好方法。通过参与遥控车模活动，青少年了解各种车辆的构造以及发动机、电动机原理，还可以学到无线电遥控技术等方面的知识，培养动手、动脑的能力，提高科技素质。

无线电遥控车辆模型简介

无线电遥控车辆模型是在电动车辆模型的基础上发展起来的，它比电动车辆模型多一套无线电遥控设备，这套设备包括发射机和接收机，接收机装在车辆模型中，发射机由运动员操纵。运动员通过发射机发出指令，可以控制车辆模型做前进、倒退、转弯和其他功能动作。

无线电遥控车辆模型对青少年有很大的吸引力，虽然制作起来困难多一些，但强烈的兴趣会促使大家勇于克服困难。制作无线电遥控车辆模型可以只制作机械部分，遥控设备购买成品。如果要全部自制，可以多人合作，分成两组，一组制作机械部分，一组制作遥控设备。

无线电遥控车辆模型，按其与真车的比例有 1/24、1/12、1/10、1/8、1/5 等多种，按其动力方式可分为电动机动力车和内燃机动力车，按车模行驶的场地路面又可分为公路赛车和越野赛车。

车辆模型的比赛与真车的比赛很相似，通常是在专门设置的封闭跑道内进行。跑道由多个不同的直道和弯道组合而成，宽度为 3～5 米。公路赛车跑道如同方程式赛车一般，一般是平坦的沥青或水泥路面；越野车赛道如同拉力车，通常为沙土或草地，还要人为设置一些跳坡、断桥等障碍。比赛时 6～10 辆车编成一个组，在规定时间内看哪辆车子跑的圈数多，由专门的计时计圈装置自动记录成绩，并由打印机即时打印出成绩单张榜公布。

无线电遥控设备简介

无线电遥控设备有很多种，一台遥控设备如果只能允许一种指令信号通行，即只能发射、接收一种指令信号，那么，我们就说这台遥控设备只有一个通道。模型所用的遥控设备通常有两通道、四通道……甚至十通道等多种。车辆模型一般只要控制方向和速度，所以用二通道无线电遥控设备就可以了。

无线电遥控设备按照调制方式还可以分为调幅（AM）式和调频（FM）式：调幅式简单实用，价廉物美；调频式性能可靠，工作稳定，不易受其他信号的干扰。另外还有一种脉冲编码（PCM）式，具有很强的抗干扰性，性能更加优越。

一、无线电遥控设备的种类

在车辆模型中比较常见的有单通道无线电遥控设备、多通道无线电遥控设备和多通道比例无线电遥控设备。本节重点介绍在竞赛用车辆模型中使用最多的多通道比例无线电遥控设备。

1. 单通道无线电遥控设备

单通道无线电遥控设备是一种最简单的无线电遥控设备。它通过切换动力电动机电源的极性，控制车辆模型前进和倒退。图5－2－1是单通道无线电遥控设备方框图。它的发射机由音频振荡器、载频振荡器、操纵器按钮、电源、发射天线等组成。它的接收机由接收天线、超再生检波器、音频放大器、开关电路、设备电源、继电器、电动机、动力电源等组成。

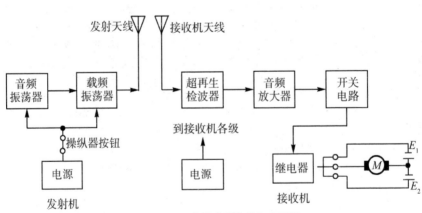

图5－2－1 单通道遥控设备方框图

不按下发射机操纵器按钮，发射机不工作，车辆模型中的动力电源 E_1 通过继电器触点给电动机供电，电动机正转，车辆模型向前行驶。当按下发射机操纵器按钮的时候，电源给音频振荡器和高频振荡器供电，高频载波被音频信号调制后，由天线向空间发射出去。由于接收机固有频率和发射机的载波频率相同，载波信号被接收机接收，经过超再生检波后将音频放大，使外关电路导通，继电器吸合，切换触点使动力电源 E_2 给电动机供电，电动机反转，车辆模型向后倒退。

2. 多通道无线电遥控设备

多通道无线电遥控设备比单通道要复杂一些，能发出多个音频指令信号，用来控制车辆模型前进、倒退、停车、加速、转弯等多种功能动作。通道的数目越多，能够控制的功能动作就越多。

图5—2—2是六通道遥控设备的方框图。发射机由6个操纵开关和6个音频振荡器，以及载频振荡器、载频放大器、发射天线等组成。接收机由接收天线、检波器、选频器，以及6个继电器和6个执行机构等组成。按下某一个操纵开关，相应的音频振荡器工作，高频载波被这个音频信号调制后，经过放大由天线发射出去。接收机接收到信号后，经过检波器和选频放大，使某个继电器吸合，某个执行机构运作，达到遥控某种功能的目的。

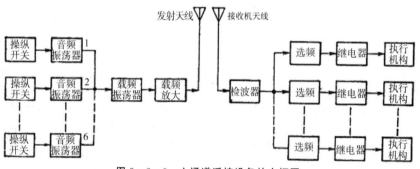

图5—2—2　六通道遥控设备的方框图

六通道无线电遥控设备、可以用5个通道控制车辆模型前进、倒退、停车、加速、右转弯和左转弯等6个功能动作。其中前进、倒退和停车共用两个通道，其他三个功能动作各用一个通道。余下的一个通道可以用来控制鸣笛、闪灯等功能动作。

这种多通道遥控设备的指令是一个一个发射出去的，因此，车辆模型在某一个时间内只能完成某一个功能动作。

3. 多通道比例无线电遥控设备

单通道或多通道无线电遥控设备只能控制电路通、截断和切换动作，不能控制量值的大小。比例无线电遥控设备，可以根据需要按比

101

例来控制量值的大小。比如控制车辆模型的转向，能够像真的汽车一样，控制方向轮的偏转量，实现急转弯或者缓转弯。

图5-2-3是二通道比例遥控设备方框图。发射机由操纵杆、编图码器、调制器、晶控载频振荡器、载频放大器等组成。采用石英晶体做载频振荡，频率稳定度高。每个操纵杆通过编码器控制一种脉冲宽度，比例遥控的量值就由脉冲宽度来体现。每个脉冲信号对载频进行幅度调制，高频载波经过载频放大由天线发射出去。

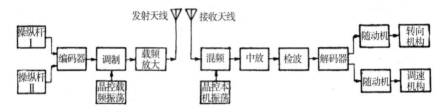

发射天线　接收天线

操纵杆Ⅰ

操纵杆Ⅱ

编码器 → 调制 → 载频放大

晶控载频振荡

混频 → 中放 → 检波 → 解码器

晶控本机振荡

随动机 → 转向机构

随动机 → 调速机构

图5-2-3　二通道比例遥控设备方框图

接收机由接收天线、晶控本机振荡、混频、中放、检波、解码器、舵机、转向机构等组成。接收机天线接收到高频载波后，同晶控本机振荡产生的高频等幅信号进行混频，通过中放、检波，还原成脉冲信号，再通过解码器把每一个通道的脉冲信号挑选出来，分别送到两个舵机，从而带动车辆模型做出各种相应的动作。

比例遥控设备各个通道可以同时操纵，车辆模型可以互不干扰地同时完成几种功能动作。

二、无线电遥控设备的使用

正确掌握无线电遥控设备的使用方法和操纵手法，对发挥车辆模型的行驶性能有重要意义。

1. 先开发射机，后开接收机

如果我们只接通无线电遥控接收机的电源，接收机就像收音机一样，能够接收到各种各样的电磁波干扰信号和接收机本身产生的杂散信号。这些信号很容易使接收机的执行机构产生误动作。如果开启发射机，情况就不同了。即使发射机不发出指令信号，但由于发射机天线不断地向空间发射载频信号，对各种干扰信号具有一定的抑制作用，这样就能够大大减少执行机构产生误动作。因此，我们使用无线电遥控设备的时候，应该首先接通发射机的电源，然后再接通接收机的电源。暂停使用无线电遥控设备的时候，应该先关掉接收机的电源，再关掉发射机的电源。

当然，对于很简单的单通道无线电遥控设备，操纵按钮就是电源开关，就谈不上这个要求了。

2. 防止其他干扰

无线电遥控设备，在使用中容易受到各种干扰而产生误动作。了解干扰的来源，有助于保证设备工作正常。有的干扰来自闪电等自然界放电现象；但更多的来自人为干扰，如外界的交流电动机、荧光灯、高压水银灯、高频炉、电焊机、电视广播设备等，以及车辆模型本身的继电器、电动机等。

这些干扰信号通过两种方式进入遥控设备。一种是辐射传播，这是一种从天线或者从中频放大器直接窜入的干扰信号；另一种是直接传导，它们是沿电源或其他连接导线进入接收机的。

了解了干扰信号的来源和它的干扰方式，就可以在电路设计和元器件选用上采取相应的抗干扰措施。比如增加接收机输入调谐回路，提高载频频率，采用电动机防火花电路，以及对电感元件加以屏蔽等。

多人在一起练习的时候，首先要了解一下各自的频率，看看有没有同频的，这是非常重要的。否则，轻者"车毁"，重者"人伤"。在独自练习的时候，最好先打开接收机，看看有没有其他信号，在确认没有其他信号干扰的情况下再开机。

另外，在实际使用中要注意选择较好的环境。不要在雷电时候进行设备的调试，不要在电视广播设备附近或者机场、加油站、遥控爆破点等对无线电管制的地方开机，这样会造成无法预见的后果。

3. 注意维护保养

无线电遥控设备的可靠性同元件选择、电路设计、安装工艺等有着十分密切的关系，同时，也和操作使用方法和维护保养情况有关。遥控设备必须注意防潮防热，防止日光长时间照射，防止灰尘侵入，注意随时清除灰尘污垢。遥控设备长期不用要及时取出电池，防止电池液流出腐蚀元器件。暂时不用的设备，要放置在有避震材料的包装盒内。

无线电遥控电动机车辆模型

在无线电遥控车辆模型中，以电动机为动力的车模占据了大多数，本节介绍较为简单的四种无线电遥控电动机车辆模型的结构原理、零部件的选用和制作以及整体组装，本节最后介绍了一种常见无线电遥控电动车模套件的组装。

一、单通道多方向无线电遥控车模型

这里介绍的无线电遥控车辆模型，虽然只有一个通道，但由于设有导向轮式自动转向机构，所以它能进行多方向的控制。当发射机不发射信号的时候，车辆模型直线行驶，发射机发射信号的时候，车辆模型原地后退并转弯。因此，它可以完成多种行驶路线。

1. 结构原理

这辆车辆模型的车体结构如图5-3-1所示，由装饰性前轮、后驱动轮、底盘和导向轮、动力传动装置等部分组成，它同声控车辆模型的主要不同点是：装备了

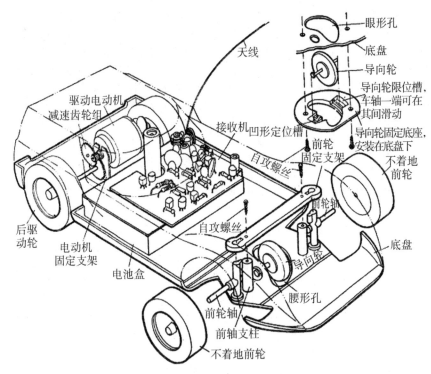

图 5－3－1　单通道多方向无线电遥控车辆模型实体图

无线电接收机，因而可以用无线电遥控各种行驶动作。

这辆车辆模型的驱动原理比较简单，电动机所接电源的极性受发射机遥控指令信号的控制，可以适时切换，从而扫定电动机的正转或反转。电动机轴上的小齿轮，通过两级减速把动力传递给轴齿轮和跟它紧固连接的后车轴，驱动车辆模型前进或者后退。

发射机电路如图 5－3－2 所示，BG_1、BG_2 等组成电感三点式载频振荡器，能产生 29 兆赫的载频信号。BG_3、BG_4 等组成多谐振荡器，产生 1500 赫的音频信号。BG_2 还兼作调制器，当 BG_2 导通的时候，电

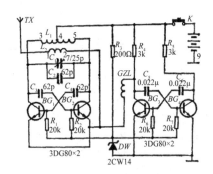

图 5－3－2　单通道无线电遥控发射机电路图

源通过 L_1、BG_1、BG_2、GZL、BG_3 构成通路，给 BG_1、BG_2 供电，维持载频振荡器工作；当 BG_3 截止时，BG_1、BG_2 对地相当于开路，载频振荡器停振。这样，高频振荡信号被音频信号所调制，并由天线发射出去。

接收机电路如图5-3-3所示，BG_1 等组成超再生检波器，L_1、C_2 组成调谐回路，它的固有频率是29兆赫。检波后的音频信号经 R_3、C_8 滤波，由 C_9 送到 BG_2、BG_3 等组成的音频放大器进行放大。放大后的音频信号经 C_{14}、微调电位器 W，送

到 D_1、D_2 整流后，直流电流送入 BG_4 基极，使 BG_4 饱和导通，继电器 J_{1-1} 吸合，接通电池 E_2，电动机反转，车辆模型后退并转弯。如果发射机不发射指令信号，继电器 J_{1-1} 释放，接通电池 E_1，电动机正转，车辆模型直线行驶。

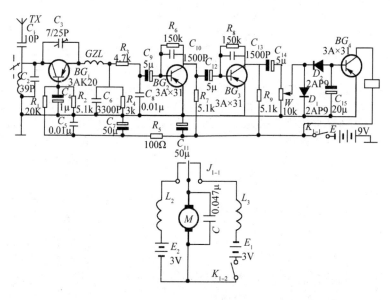

图5-3-3　单通道无线电遥控接收机电路图

2. 零部件的选用和制作

（1）前轮的选用和支架的制作

前轮采用直径23毫米、厚度13毫米玩具车轮。前轴用直径3毫米、长22毫米铜丝做成。前轴立柱用直径8毫米、长18毫米的塑料棒制作。前轮固定支架用长60毫米、宽12毫米、厚3毫米的

环氧树脂板制作。

（2）后轮的选用

采用直径28毫米、厚度15毫米玩具车轮作为后轮。

（3）底盘的制作

底盘采用厚2毫米环氧树脂扳，按图5-3-4所示的尺寸制作。

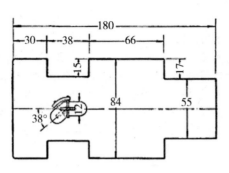

图 5—3—4　底盘的尺寸

（4）自动转向机构的制作

导向轮用直径 26 毫米、厚度 6 毫米玩具车轮。导向轮轴用直径 3 毫米、长 20 毫米的销子钢做成。导向轮轴一端的凸缘用直径 6 毫米、厚度 2 毫米的塑料圆片黏结制成。导向轮固定底座用厚 2 毫米环氧树脂板制作，它的凹形定位槽和导向轮限位槽，用硬塑料板制作并用环氧树脂黏结在底座上。

（5）动力传动装置的制作

动力源采用 WZY—131 型电动机。在二级减速齿轮组中，电动机

小齿轮模数 0.5、齿数 10，过桥齿轮模数 0.5、齿数 34，同过桥齿轮紧固连接的小齿轮的模数 0.5、齿数 10，轴齿轮模数 0.5、齿数 34。电动机固定支架用厚 1.5 毫米镀锌铁皮制作，在它上面分别钻出电动机轴座孔、固定孔，过桥齿轮轴孔和后车轴孔。

（6）遥控设备的制作和调试

①元器件的选用和制作。所用的电子元器件参数见电路图。发射机和接收机各晶体管的具体要求见表 5—3—1。

表 5—3—1　发射机和接收机各晶体管选配要求

项目	发射机				接收机			
	BG_1	BG_2	BG_3	BG_4	BG_1	BG_2	BG_3	BG_4
型号	3DG80	3DG80	2DG80	3DG80	3AK20	3AX31	3AX31	3AX31
fr（MH$_2$）	>700	>700		>200				
β	80～130	80～160	30～120	30～120	30～100	50～100	50～100	80～120
$I_{\alpha_3 o}$（μA）					<200	<300	<300	<150
$BV_{\alpha_3 o}$（V）	>15	>15	>10	>10	>15	>10	>10	>15
备注	两管配对		两管配对					

发射机的线圈 L_1（3、4、5 抽头之间）用直径 1 毫米的漆包线空心间绕 8 圈，中心抽头，线圈内径是 10 毫米，绕好后将线圈拉长到 20 毫米。线圈 L_2 用直径 0.2 毫米的硬塑料线绕 3 圈，内径也是 10 毫米，嵌在 L_1 上。接收机中的线圈 L_1 用电视机的中周骨架分三层密绕 8.5 圈，所用漆包线直径是 0.5 毫米，所用磁芯是 NX—20—4×8。发射机和接收机中的高扼圈（GZL）是在 1/8 瓦、阻值为 750 欧以上的碳膜电阻上用直径 0.09 毫米的漆包线密绕 100 圈。抗干扰电路中的线圈 L_2 和 L_3 相同，用直径 0.2 毫米的漆包线穿绕在 MX—2000—10×6×5 的磁环上。继电器 J_{1-1} 选用 HG—9V 小型电磁继电器，设备电源用 9 伏叠层电池。

②发射机的调试。只要元器件良好，焊接无误，一般都能正常工作。电路起振的时候，BG_1 和 BG_2 的集电极对地电压大约 9 伏，BG_3 和 BG_4 的集电极对地电压大约 4.5 伏，稳压管 DW 的上端对地电压大约 7 伏，整机电流大约 25 毫安。上面几个数值调好后，可以接上天线，微调 C_1 使整机电流最小。

③接收机的调试。先调 R_1，使 BG_1 发射极对地电压在−3～−4 伏之间；再调 R_6 和 R_8，使 BG_2 和 BG_3 的集电极电流都是 1 毫安左右。这时候，用高阻耳机跨接在 BG_3 的集电极和地之间，应能监听到非常明显的超噪声。如果发射机靠近接收机并发出指令信号，高阻耳机中就能听到音频信号。微调接收机中的 W，使发射机不发射信号时 J_{1-1} 不吸合，发射机发射信号时，J_{1-11} 吸合。微调 C_3 和微调 L_1 磁芯，使

超噪声最柔和，音频信号最响。在调试中逐渐拉长遥控距离，发射机的可调部分不要再动，只微调接收机中的 L_1 磁心、C_3 和 W，使控制距离最远。这种设备在室内控制距离一般可以大于 10 米。

3. 整体组装

（1）前桥的安装：先在每根前车轴外端安上前轮，前车轴内端紧固在支柱上，再把车轴支柱用环氧树脂胶水黏结在底盘上，然后把前轮固定支架套入车轴支柱，用自攻螺丝把它安装在前轴立柱上。前轮不应着地。

（2）动力传动机构的安装：把电动机固定在电动机固定支架上，把减速齿轮组安装在右边那块支架上，再用螺丝螺母把电动机固定支架安装在底盘上。右后驱动轮紧固连接在后车轴上，而左后驱动轮主套在后车轴上。

（3）自动转向机构的安装：把导向轮轴，安放在导向轮底座的凹形定位槽和限位滑槽内，用自攻螺丝把导向轮固定底座安装在底盘下面，使导向轮轴能在 0°～38°之间转动，如图 5—3—1 右上角。

（4）接收机的安装。把制作的接收机的印刷电路板垫上塑料垫片后，用螺丝螺母安装在电池盒上面，并焊上连接线，接通设备电源，这样车辆模型就安装完毕了。

二、步进式单通道无线电遥控车辆模型

一般来说，单通道无线电遥控设备只能控制车辆模型前进和后退的行驶动作。但这里介绍的步进式

单通道无线电遥控装置利用单通道无线电遥控设备，控制一个机械结构的程序控制步进器，使车辆模型完能够成一系列的行驶动作。它可以按前进→前进左转→前进→后退→后退右转→后退的程序周而复始地进行，也可以单独做上述程序中的任一行驶动作。

1. 结构原理

步进式电动车辆模型的结构如图 5－3－5 所示。它的前轮、后轮、转向机构、动力传动机构都和一般电动车辆模型基本相同。

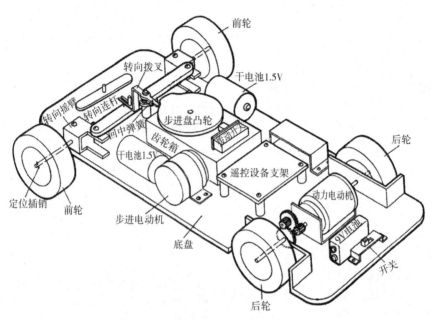

图 5－3－5　步进式单通道无线电遥控车辆模型实体图

它所特有的程序控制步进器，由步进电动机、减速齿轮箱、步进盘凸轮、拨动开关、转向拨叉等组成。程序控制步进器的结构和电路如图 5－3－6 所示。

依次接通发射机、接收机和车辆模型的电源。当发射机不发出指令信号的时候，电源通过接通开关给动力电动机供电，左正右负，动力电动机正转，驱动车辆模型向前行驶，这是程序控制的第一个动作。

当发射机发出指令信号的时候，接收机的继电器吸合，电源通过继电器触点、拨动开关给步进电动机供电，左正右负，步进电动机带动步进盘凸轮逆时针方向转动。当凸轮的凸缘向左推动转向拨叉的时候，通过转向连杆带动转向摇臂旋转，前轮向左偏转，车辆模型在前进中增加了左转动作，这是程序控制的第二个动作。

发射机继续发出指令信号，步进电动机继续转动，步进盘凸轮继续逆时针方向转动，凸缘同转向拨叉脱离接触，于是转向拨叉由回中弹簧复位，车辆模型恢复直线行驶，这是程序控制第三个动作。

发射机继续发出指令信号，步进盘凸轮继续逆时针转动，直到拨动开关，使动力电动机改变电源极性，右正左负，动力电动机反转，使车辆模型向后倒退，这是程序控制的第四个动作。

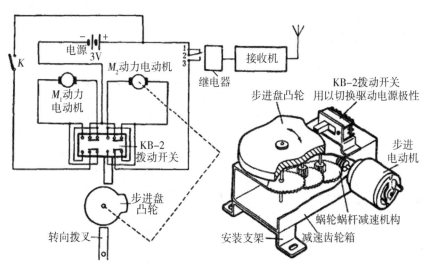

图 5－3－6　程序控制步进器的结构和电路图

发射机继续发出指令信号，这时步进电动机也改变了电源极性，右正左负，步进电动机反方向转动，带动步进盘凸轮顺时针方向转动。当步进盘凸轮的凸缘向右拨动转向拨叉的时候，转向拨叉通过转向连杆带动转向摇臂转动，前轮向右偏转，车辆模型在后退中增加了右转，这是程序控制的第五个动作。

发射机继续发出指令信号，步进盘凸轮继续顺时针方向转动，凸缘同转向拨叉脱离接触，转向拨叉回中，车辆模型直线后退，这是程序控制的第六个动作。

发射机继续发出指令信号，步进盘凸轮继续按顺时针方向转动，再拨动开关，恢复到程序控制的第

一个动作。如果发射机持续发出指令信号，这六个程序可以循环不断地继续下去。

如果在程序控制的某个动作上，发射机停止发出指令信号，车辆模型就按这个动作行驶下去，直到发射机再发出指令信号为止。

2. 零部件的选用和制作

（1）车轮的选用

前、后轮都采用直径 44 毫米、厚度 14 毫米的玩具车轮。

（2）底盘的制作

用长 250 毫米、宽 110 毫米、厚 3 毫米的木质胶合板制作底盘。

（3）转向机构的制作

转向摇臂用镀锌铁皮弯制。转向

摇臂轴用直径 3 毫米、长 25 毫米的螺丝螺母制成。车轴用直径 3 毫米、长 35 毫米螺丝螺母制成。转向连杆用厚 1.5 毫米环氧树脂板制作。转向拨叉用厚 1.5 毫米铝板制作。拨叉转轴用直径 4 毫米的螺丝螺母制成。转向拨叉的回中弹簧用直径 0.5 毫米钢丝弯制。

（4）程序控制步进器的制作

步进电动机用 WZY－131 型电动机。减速齿轮箱体用厚 3 毫米塑料板黏结制成。第一级蜗轮可以用模数 0.5、齿数 52 的玩具齿轮。后两级齿轮都用模数 0.5、齿数 52 的玩具齿轮，它们的过渡小齿轮用模数 0.5、齿数 8 的铜齿轮。齿轮轴用直径 2 毫米钢丝做成。步进盘凸轮用厚 5 毫米的环氧树脂板。步进器的拨动开关用 KB－2 型拨动开关。

（5）动力传动机构和遥控设备的制作请参考上本节单通道多方向无线电遥控车辆模型中的介绍。

3. 整体组装

（1）转向机构的安装

转向摇臂轴穿入转向摇臂上的轴孔后，套上垫片，安装在底盘上，转向摇臂要能绕轴灵活转动。把前轮空套在前车轴上，车轴内外两侧插入定位插销。车轴穿入转向摇臂横向固定孔内，并用螺母紧固。用螺丝把转向连杆安装在转向摇臂上，但螺母不可拧紧，使转向连杆能带动摇臂左右摆动。最后，把转向拨叉转轴穿入转向拨叉的轴孔中，套上垫片，并在距转向拨叉轴上端 5 毫米处的小孔中，穿入直径 0.5 毫米钢丝绕制成的回中弹簧，再在转向拨叉轴上套入一段内径为 5 毫米

塑料管（或铜管），把它固定在底盘上，拨叉的叉口要叉住连杆上的固定柱。

（2）程序控制步进器的安装

把步进电动机和减速齿轮组安装在齿轮箱体上，调整各级齿轮，使它们处于最佳啮合状态，注意使后两级的齿轮轴相互平行，使蜗杆轴同齿轮轴垂直。把步进盘凸轮紧固连接在动力输出齿轮的加长轴上。然后在齿轮箱体的合适位置上，安装 KB－2 型拨动开关，使步进盘凸轮在往返转动中，凸缘恰好能拨动这个开关。最后，把步进器安装在底盘上。步进器同转向拨叉之间的位置也要恰当，要使步进盘凸轮的凸缘能够自如地推动转向拨叉转动。

（3）接收机的安装

用自攻螺丝把接收机印刷电路板安装在底盘的固定柱上。9 伏设备电源可以放在底盘的尾部，用按钮式连接线连接。

（4）动力传动机构的安装

步进式单通道无线电遥控车辆模型和前面的单通道多方向车辆模型基本相同。不同的是，这里的左后轮为驱动轮，右后轮空套在右后车轴上。另外，动力电动机采用格形固定支架，3 伏动力电源可安装在程序控制步进器两侧，它的开关安装在底盘的尾部。

顺便指出，如果我们不给车辆模型安装遥控设备，而是把继电器 2、3 两个触点连接起来，车辆模型也能在程序控制步进器的带动下，按上述程序完成一套既定的行驶动作。

三、二通道无线电遥控电动车辆模型

这里介绍的二通道无线电遥控设备，通过一只自制的机械式转向随动机构——舵机，控制电动车辆模型的左、右转向。这只舵机除了具有转向功能外，还具有自动回中功能和转向限位功能。当发射机发出转向指令信号的时候，车辆模型的舵机执行转向指令，完成左、右转向动作；当发射机不发转向指令信号的时候，已经转向的舵机会自动回到中间位置，使车辆模型沿直线行驶。

1. 结构原理

二通道无线电遥控电动车辆模型的基本结构如图 5－3－7 所示，它同一般电动车辆模型大体相同，这里只介绍制作中几个关键部件。

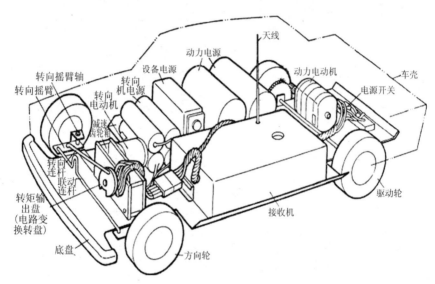

图 5－3－7　二通道无线电遥控电动车辆模型实体图

（1）发射机

二通道无线电遥控设备的发射机电路如图 5－3－8 所示。它包括 BG_1、BG_2 等组成的高频振荡器，BG_3、BG_4 等组成的调制器和 BG_5、BG_6 等组成的音频振荡器。当按下通道 1（K_1）按钮的时候，高频振荡器和音频振荡器的电源都接通。由于 W_1 接通，音频振荡器产生 1000 赫左右的低频信号，调整 W_1 可以使音频信号频率稍有改变。当按下通道 2（K_2）按钮的时候，由于 W_2 接通，可以产生 2000 赫左右的另一种音频信号。它们对高频振荡器产生的高频载波进行调制，然后由天线发射出去。

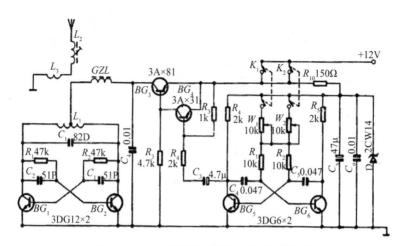

图 5-3-8　二通道无线电遥控发射机电路图

（2）接收机

二通道无线电遥控设备的接收机电路如图 5-3-9，它包括超再生检波器、直接耦合音频放大器、射极跟随器和两个 LC 选频放大器组成。L 和 C_3 组成调谐回路，改变 C_3 的电容量可以对频率进行粗调，调节 L 中的磁芯可以对频率进行微调。由 BG_1 等组成的超再生检波器，能够从无线电波中把音频信号取出，然后由 GZL、C_5、C_7 组成的滤波器把杂波滤去，再把音频信号送到由 BG_2、BG_3 组成的直接耦合音频放大器进行放大。BG_2、BG_3 的静态工作点由 R_6 调整。放大后的音频信号通过 BG_4 等组成的射极跟随器耦合到两个 LC 选频放大器。采用 LC 选频放大器的优点是选择性较好，抗干扰能力强，对电动机在转动中产生的电火花干扰有很好的抑制作用。

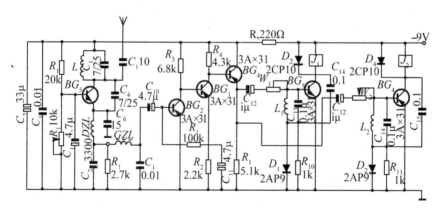

图 5-3-9　二通道无线电遥控接收机电路图

112

如果发射机发出载有 2000 赫音频信号的载波，由于 L_2、C_{14} 组成的并联谐振回路的固有频率大约也是 2000 赫，用相同的分析可以知道，这时候继电器 J_2 吸合。

（3）转向随动机构

如图 5－3－10 所示，转向随动机构由转向电动机、减速齿轮箱、电路变换转盘（也是转矩输出盘）、

转向机电源等组成，它的电路如图 5－3－11 所示。接收机中的继电器 J_1 和 J_2 有一个常开触点和一个常闭触点。P_1、P_2 是电路变换转盘上的两块动触片，A、B、C、D、E、F 是电路变换转盘固定支架上的定触片，其中 E 和 F 用来左右转向限位，A 和 B 用来自动回中，D 和 C 分别接在电源的正负极。

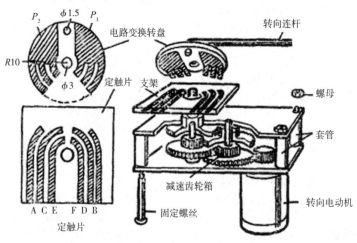

图 5－3－10　转向随动机构的组成

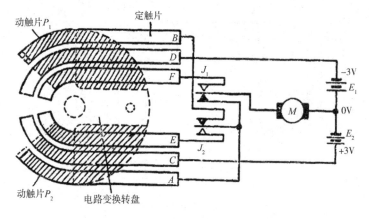

图 5－3－11　转向随动机构的电路图

当发射机不发指令信号的时候，接收机继电器 J_1 和 J_2，都不吸引，它们的常闭触点闭合。由于 P_1 和 P_2 不接触，P_2 和 A 也不接触，转向电动机的电源没有接通，前轮没有偏转，车辆模型直线行驶。

当发射机发出"右转"指令信号的时候，接收机 J_1 吸合，J_1 的常开触点闭合，电源 E_1 通过 D、P_1、F、J_1 常开触点给转向电动机供电，转向电动机旋转，通过减速齿轮箱，带动电路变换转盘逆时针旋转，动触片 P_1、P_2 也一起逆时针旋转。电路变换转盘通过转向连杆和联动连杆，使前轮右偏，车辆模型向右行驶。当 P_1、P_2 逆时针转到一定角度（约 $35°$）的时候，动触片 P_1 同定触片 D、F 断开，切断了转向电动机电源，转向电动机停转，前轮处于右转限位位置。

如果这时候发射机停发右转指令信号，J_1 释放，常闭触点闭合。由于动触片 P_2 与定触片 A、C 接触，电源 E_2 通过 C、P_2、A、J_1 常闭触点给转向电动机供电，转向电

动机反转，带动电路变换转盘顺时针旋转，前轮自动回中。当电路变换转盘回到中间位置的时候，P_2 同 A 脱离接触，切断了转向电动机电源，转向电动机停转，这样就达到了自动回中的目的。如果发射机发出"左转"指令信号的时候，转向电动机执行左转指令信号的过程和上述基本相同。

2. 零部件的选用和制作

（1）车轮的制作

前、后轮都采用直径 40 毫米、厚度 8 毫米玩具车轮。前车轴用直径 3 毫米、长 12 毫米的螺丝做成。后车轴用直径 3 毫米，长 110 毫米钢丝做成。后轮支架用厚 1 毫米镀锌铁皮制作。

（2）底盘的制作

底盘用厚 0.3 毫米镀锡铁皮按图 5—3—12 所示的结构和尺寸制作，并在它的下面焊上加强条。

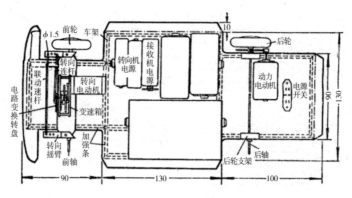

图 5—3—12　底盘的结构和尺寸

（3）转向机构的制作

转向摇臂用厚 0.7 毫米的铁皮制作。联动连杆用自行车辐条做成。转向连杆用直径 2 毫米铜丝做成。转向摇臂轴用直径 3 毫米的螺丝螺母做成。

（4）转向随动机构的制作

转向电动机用 WZY－131 型电动机。四级减速齿轮箱内的小齿轮共 5 只，用模数 0.5、齿数 8 的铜齿轮。大齿轮共 4 只，用模数 0.5、齿数 32 的玩具齿轮。每级减速比是 1∶4，总减速比是 1∶256。转向随动机构的定触片支架用环氧树脂覆铜板，经过三氯化铁腐蚀加工成，或者用小刀刻制。电路变换转盘上的动触片用磷钢片制作，制好后焊接在圆形环氧树脂强钢板上，中间部分用刀刻去铜箔，使 P_1 和 P_2 绝缘。减速齿轮箱的上、下夹板用厚 0.8 毫米镀锌铁皮制作，上下夹板之间用铜套管和螺丝螺母紧固。

（5）动力传动机构的制作

动力电动机采用 WZY－131 型玩具电动机。电动机轴上紧固模数 0.5、齿数 8 的钢齿轮，它和模数 0.5、齿数 60 的仪表齿轮组成一级减速齿轮组。动力电源采用两节 1 号干电池。

（6）遥控设备的制作

发射机中的 BG_1、BG_2 采用两个 3DG12，要求功率放大系数在 30～80 之间，两管配对。BG_3、BG_4 分别采用 3AX81 和 3AX31，要求功率放大系数在 30～80 之间，集电极

发射极反向饱和电流要尽可能小一些。BG_5、BG_6 采用两个 3DG6，功率放大系数在 30 以上，两管配对。GZL 用直径 0.11 毫米的漆包线在 0.125 瓦、1 兆欧的碳膜电阻上平绕 80 圈左右。L_1 可以采用市售品电子管收音机的短波线圈（美通 630A），共用 6 圈，中心抽头。L_2 用多股塑料线在 L_1 外面绕 3 圈。L_3 是电感线圈，用直径 0.5 毫米漆包线，在高频磁芯上绕 10～20 圈就可以了。天线可以用 1.2 米拉杆天线。

接收机中的 BG_1，可以用 3AK20，也可以用锗高频小功率管，要求集电极、发射极反向饱和电流小于 50 微安，功率放大系数在 30～100 之间。 BG2～6B6 用 3AX31、3AX24 等锗低频小功率管，要求集电极、发射极反向饱和电流小于 200 微安，功率放大系数要求大一些，特别是 BG_5 和 BG_6 要求功率放大系数在 80～150 之间。D_1、D_2 可用 2AP9 型锗二极管。线圈 L 用市售品电子管收音机的短波线圈 LT103S。L_1、L_2 及 GZL 用直径 0.09 毫米高强度漆包线在外径 10 毫米、内径 6 毫米、厚 5 毫米的锰锌铁氧体 M× 2000 磁环上分别绕 450 圈、400 圈、350 圈。绕制磁环的时候，可以先用竹片做一个梭子，把适当长度的漆包线绕在梭子的缺口中，然后在磁环上穿绕，绕好后用万用表测量它的直流电阻应在 20～25 欧左右。GZL 绕制法同发射机的 GZL 制法相同。继电器 J_1、J_2，用 JRC－5M－6V 型或 JWX－1（053）型。C_3、C_4 用小型瓷介质微调电容器。C_{13}、C_{14} 采用涤纶电容器或聚苯乙烯电容器。

3. 整体组装

（1）转向机构的安装

将转向摇臂轴穿入转向摇臂，套上垫圈用螺母把它紧固在底盘上。用联动连杆把两个转向摇臂连接起来，调节联动连杆的长度，使两前轮平行。

（2）前轮的安装

把前车轴从转向摇臂内侧穿出轴孔，并在它的外侧用螺母紧固。再把前轮空套在前车轴上，在车轮两侧焊上垫片，把车轮限定。

（3）转向随动机构的安装

用螺丝螺母把它安装在底盘上，并用转向连杆把转向摇臂和转矩输出盘连接起来，并使前轮和转矩输出盘上的动触片都处于中间位置。

（4）电源的安装

转向机电源可用5号电池架分两组连接，设备电源用按钮式连接线，动力电源用牛皮纸包裹，然后在底座上焊两片固定片，把电源固定牢实。

（5）接收机的安装

把接收机印刷电路板罩上铁皮屏蔽盒后，用两片固定片把它安装在底盘上。

（6）动力传动机构的安装

先用厚0.3毫米铁皮做成电动机座，装好电动机后再把机座焊在底盘上。然后把后轴支架也焊在底盘上，后车轴穿入后轴支架轴孔中，

并在支架外侧焊上定位垫片，使后车轴尽量减少轴向滑动。左车轮空套在后车轴左端，在车轮外侧焊上垫片把车轮锁定。在后车轴的右端相应位置上紧固连接大齿轮，并使它同电动机轴上的铜齿轮啮合良好，右车轮紧固连接在后车轴的右端。最后在底盘尾部安装好电源开关，焊好连接线，整车就安装完毕。

另外，发射机可安装在自制的有机玻璃盒里，配上1.2米拉杆天线，接通电源就可以发射信号。

四、多通道无线电遥控电动车辆模型

这里介绍的多通道无线电遥控电动车辆模型，采用BJ6903型成品设备，它有10个通道，其中5个通道用来控制车辆模型的前进、后退、停车、加速、减速、左转、右转等行驶动作，余下的通道可以用来控制吊车的吊杆和吊钩的升降起落、消防车云梯的升降、水枪喷水、鸣喇叭、闪管灯等。这辆车辆模型还设置了两个舵机，一个控制调速装置进行无级调速，另一个控制转向装置使车辆模型转向。另外，这辆车辆模型还装有伞齿式差速器，转向行驶灵活自如。

1. 结构原理

多通道无线电遥控电动车辆模型平面布置图如图5-3-13，它的前后轮、前桥、后桥、转向机构、动力传动机构等，同一般电动车辆模型相似，下面仅就执行机构电路、调速机构、方向舵机等不同之处进行介绍。

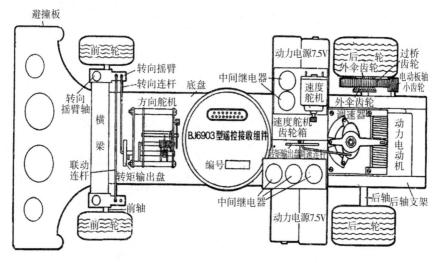

图 5－3－13　多通道无线电遥控电动车辆模型平面布置图

（1）执行机构电路

在 BJ6903 型遥控设备的末端设置一只谐振继电器。由于谐振继电器输出的是脉动电信号，不能直接控制电路中的中间继电器，必须加装一级选频放大器，把脉动电信号变成直流电信号，从而使中间继电器正常工作。执行机构电路图如图 5－3－14所示，中间继电器 J_3、J_4 控制左右转向，J_7、J_8 控制前进、后退、加速、减速，J_9 控制停车。另外，J_1、J_2、J_5、J_6、J_{10} 用来控制其他功能动作，图中没有画出来。

（2）调速机构

调速机构由速度舵机和调速器组成，如图 5－3－15 所示。调速器包括动力电动机 M_3、滑动臂、定触片 X 和 Y、变阻器等。滑动臂上有动触片 H 和 Q，H 和 Q 是绝缘的，Q 和转轴是导通的。

速度舵机包括进退调速电动机、减速齿轮箱、转矩输出盘（也是电路变换转盘）等。转矩输出盘通过连杆同调速器的滑动臂相连，转矩输出盘转动，就会带动滑动臂转动。电路变换转盘上有动触片 P_1、P_2 和定触片 A、B、C、D、E、F。速度舵机的结构和电路如图5－3－16所示。

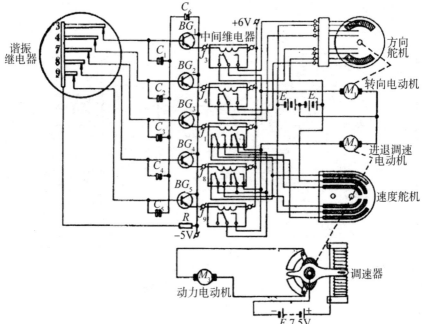

图 5—3—14　BJ6903 型遥控设备执行机构电路图

　　在图 5—3—15 和图 5—3—16 中，电路变换转盘处在"回中"位置，动触片 P_2 同定触片 A 不接触，P_1 同定触片 B 也不接触。如果发射机不发指令信号，调速电动机 M_2，没有接通电源，不转动。调速器中的动触片 H 处在定触片 X 和 Y 的间隙中，动力电动机 M_3 同电源 E_3 断开，车辆模型停车。

　　如果按下发射机通道 8 按钮，发出前进指令信号，J_3 吸合，J_{8-1} 和 J_{8-2} 的常开触点闭合，电源 E_1 通过 D、P_1、F、J_{8-1} 常开触点、J_{8-2} 常开触点，给电动机 M_2 供电，电动

机 M_2 正转，通过速度舵机齿轮箱减速，带动电路变换转盘作逆时针方向转动。电路变换转盘上的动触片 P_1、P_2 随着转动，直到 P_1 脱离定触片 D、F 为止。电路变换转盘通过连杆带动调速器的滑动臂作顺时针转动，使动触片 H 一端由"回中"位置 C 点滑动到 d 点，H 的另一端同定触片 X 接触；动触片 Q 则同定触片 Y 接触。这样，动力电源 E_2 通过电阻丝 ed 段、H、X、动力电动机 M_3（上正下负）、Y、Q 和转轴构成回路，电动机 M_3 正转。这时候，车辆模型向前行驶。

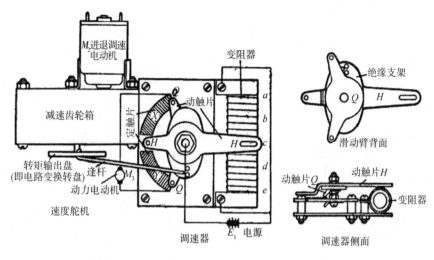

图 5—3—15　多通道无线电遥控电动车辆模型的调速机构

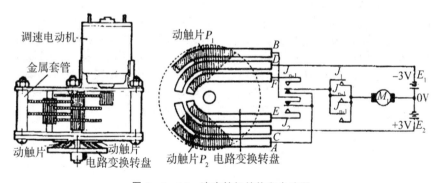

图 5—3—16　速度舵机结构和电路图

发射机继续发前进指令信号，H 从 d 滑向 e 点，电阻丝阻值减小，车辆模型加速行驶，及滑动到 e 点，车辆模型全速前进。这个时候，正好电动变换转盘上的动触片 P_1 脱离定触片 D、F，切断电动机 M_2 的电源，电动机 M_2 停转。

如果松开发射机通道 8 的按钮，按下通道 9 的按钮，发出停车（回中）指令信号，继电器 J_9 吸合。电源 E_2 通过 C、P_2、A、J_{8-1} 的常闭触点、J_9 的常开触点，给电动机 M_2 供电，电动机 M_2 反转，带动电路变换转盘顺时针方向转动，回到"回中"位置。回中后 P_2 同 A 脱离，切断电动机 M_2 电源，电动机 M_2 停转。这个时候，调速器的滑动臂 H 同 X、Y 也脱离接触，切断动力电源 E_3，动力电动机 M_3 停转，车辆模型停车。

如果按发射机通道 7 的按钮，发出后退指令信号，继电器 J_7 吸合，电动机 M_2 由电源 E_2 供电而反转，带动电路变换转盘顺时针方向转动，调速器滑动臂逆时针方向转动，动触片 H 由 c 点滑动到 b 点，这时候 Q 同 X 接触，H 同 Y 接触，电源 E_3 给电动机此供电，上负下正，电动机 M_2 反转，车辆模型后退。发射机继续发后退指令信号，

H 由 b 点滑向 a 点，车辆模型加速后退，H 滑到 a 点，车辆模型全速后退。这时候再发停车指令信号，J_9 吸合，电动机 M_2 由电源 E_1 供电，电动机 M_2 正转，带动电路变换转盘和调速器滑动臂一起"回中"后，车辆模型停车。

（3）方向舵机

方向舵机包括转向电动机、减速齿轮箱、转矩输出盘、电路变换转盘等，如图 5—3—17 所示。

方向舵机把转向电信号转换成机械动作。它的电路变换转盘和转矩输出盘同轴联动，通过转向连杆控制转向机构，完成转向动作。图中的电路变换转盘处在"回中"位置，动触片 P_1 同定触片 B、D 接触，同 F 不接触，动触片 P_2 同定触片 A、C 接触，同 E 不接触，继电器 J_3、J_4 都处在释放状态，转向电动机 M_1 不转。这时候，方向轮处在直行状态。如果按下发射机通道 3 或通道 4，发出左转或右转指令信号，J_3 或 J_4 吸合，转向电动机 M_1 接通 E_1 或 E_2，M_1 就会正转或反转，带动电路变换转盘和转矩输出盘转动，通过转向连杆和联动连杆，控制方向轮转向。

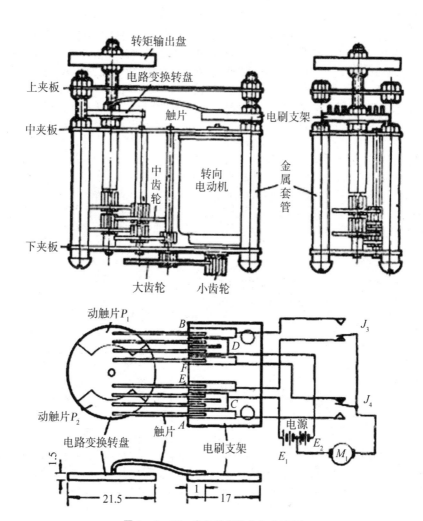

图 5—3—17 方向舵机结构和电路图

2. 零部件的选用和制作

（1）车轮的选用

前、后轮都采用直径 50 毫米、厚 21 毫米的玩具车轮。前车轴用直径 3 毫米、长 20 毫米的螺丝做成。

（2）转向机构的制作

转向摇臂采用塑压成品。转向摇臂轴用直径 3 毫米的螺丝螺母做成，螺丝长 25 毫米。横梁用长 120 毫米、宽 15 毫米、厚 6 毫米的环氧树脂板制作。联动连杆和转向连杆用自行车辐条制作。

（3）动力传动机构的制作

动力电动机采用 817A 型电动机。传动机构采用一组减速比为 1：7.2 的减速齿轮组，小齿轮用模数 0.5、齿数 10 的铜齿轮，大齿轮用模数 0.5、齿数 72 的仪表齿轮。伞齿式差速器采用尼龙成品件。后车轴用直径 3 毫米、长 152 毫米销子钢。方向舵机和速度舵机的电源用 4 节 5 号电池。后轴固定支架用厚 6 毫米硬塑料板创作。

（4）底盘的制作

底盘用长 230 毫米、宽 69 毫米、厚 2 毫米的环氧树脂板或硬铝板制作。

（5）避撞板的制作

避撞板用厚 1.5 毫米塑料板制作，也可以用直径 2 毫米钢丝按避撞板外沿轮廓线弯制成型。

（6）调速机构的制作

调速器的尺寸如图 5－3－18 所示。动触片 H 和 Q 用铜皮制作。它的触点可以用圆头冲子在凹形砧上冲出来。绝缘支架用双面覆铜板制作，做成椭圆形，中间钻一个轴孔。动触片 H 和 Q 分别焊在椭圆形覆铜板的两个面上。焊接动触片 H 的那一面，在轴孔的周围要用小刀刻去一圈铜箔，其他不焊接的地方也要刻去铜箔，以保证 H 和 Q 之间绝缘。调速器的变阻器可以在外径 13 毫米、长 50 毫米的线绕电阻器瓷管上，用直径 0.5 毫米的镍铬电阻丝间绕而成，间距 1 毫米。它的两头用铜片焊牢，作为引出端。变阻器的阻值约 10 欧。

速度舵机的电路变换转盘可以参照二通道无线电遥控车辆模型制作。图 5－3－19 是电路变换转盘的尺寸。五级减速齿轮箱由玩具齿轮相齿轮组成，小齿轮模数 0.5、齿数 10，齿轮片模数 0.5、齿数 40。共用 5 只小齿轮和 5 只齿轮片，组装后总减速比为 1：1024。

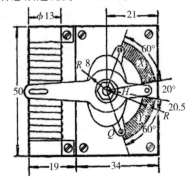

图 5－3－18　调速器的尺寸

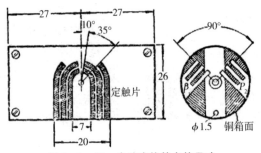

图 5－3－19　电路变换转盘的尺寸

齿轮片也可以两片叠黏起来后使用，这样可以增加齿轮的齿间受力面，有利动力传递和延长使用寿命。

（7）方向舵机的制作

电路转换转盘和电刷支架用单面覆铜板参看图5－3－17制作，接触片用磷铜片。转向电动机采用WZY－131型玩具电动机。五级减速齿轮箱，小齿轮模数 0.5、齿数8、中齿轮模数 0.5、齿数 22，大齿轮模数 0.5、齿数 40。总减速比为1：286。

（8）遥控设备的选用

遥控设备采用 BJ6903 型成品设备。设备电源为 6F－22 又叠层电池。中间继电器采用 JRC－5M 型小型继电器。

3. 整体组装

（1）转向机构的安装

用直径 3 毫米的螺丝螺母，把避撞板和横梁紧固在底盘上。再把前轮转向机构各部件安装在横梁上。调节联动连杆，使两前轮相互平行。

（2）方向舵机的安装

用厚 1 毫米、宽 20 毫米的铝条做成 U 形支架，用螺丝螺母把方向舵机安装在底盘上，并用连杆连接转向摇臂和转矩输出盘。

（3）接收机的安装

用螺丝螺母把接收机安装在底盘上。

（4）动力传动机构的安装

把动力电动机安装在两块后轴支架之间。在后轴支架轴孔内，嵌入侧板铜套，再把后车轴穿入侧板铜套中，并且在后轴支架两侧插入定位销，锁定车轴。车轴左端紧固连接后轮，右端安装差速器。

安装差速器步骤是：在车轴相应位置紧固连接内伞齿轮，再把过桥齿轮空套在轴上，并在过桥齿轮上面装入 3 只小伞齿轮，然后空套进外伞齿轮，过桥齿轮中的 3 只小伞齿轮应分别同内、外伞齿轮啮合良好，最后把外伞齿轮和右后轮用六角铜套紧固连接。差速器的安装方法还可以参阅后面介绍的 1/12 无线电遥控电动车辆模型实体安装图。

（5）电源的安装

动力电源用塑料片包裹后，用铝皮支架安装在底盘上。两组舵机驱动电源，安装在动力电源上面的两侧。设备电源可以安装在两后轴支架之间。

（6）调速机构的安装

用铝皮支架把速度舵机安装在动力电源上面，调速器安装在后轴支架上面，用调速连杆把转矩输出盘同调速器的滑动臂绝缘支架连接起来，最后按总装电路图焊好连接线，就可以试车了。

五、1/12 无线电遥控电动车辆模型的组装

这里介绍的是一辆由散装套件组装成的车辆模型。1/12 是它同真

实车辆尺寸的比。散装套件共有零部件 76 件，只要照图装配，一般都能成功。有关无线电遥控车辆模型的结构原理，前几节中已经有所介绍，在这里只介绍这辆模型的组装和调试。

1. 车体的组装

图 5—3—20 是这辆模型的机械安装图，组装的时候可以参考。

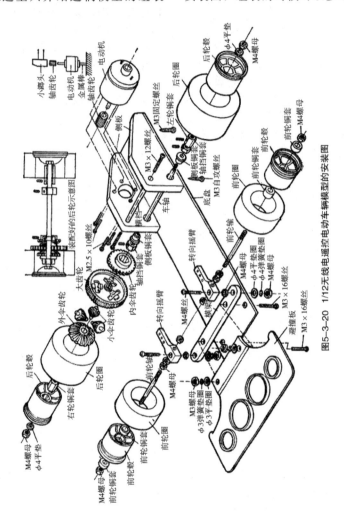

图5-3-20 1/12无线电遥控电动车辆模型的安装图

（1）侧板的安装

先用 4 只直径 3 毫米的自攻螺丝分别旋进两块侧板底部的固定孔内，然后再把它们旋下来备用。这样可以起到"攻丝"的作用。用直径 3 毫米、长 12 毫米的螺丝，把横档固定在两块侧板中间。再用 4 只自攻螺丝穿过底盘安装孔，把侧板安装在底盘上。为了便于调整，4只自攻螺丝暂不旋紧。把两只侧板铜套（含油轴承）压进两块侧板的轴孔后，把后车轴穿入铜套，稍微调整一下两块侧板的位置，使车轴在侧板铜套中能够灵活地转动，最后再旋紧4只自攻螺丝。如果有卡住现象，可以通过适当扩大底盘安装孔的办法再进行调整。

（2）差速器的安装

首先把六角形铜套嵌入后轮毂的六角形孔中，要紧密配合。如果六角铜套嵌不进轮毂，不要用榔头硬敲，要用电烙铁给六角铜套加温，然后缓缓地把六角铜套压进轮毂，这样两者就能够紧密配合。如果实在装不进去，可以用木刻刀，仔细地削去轮毂六角形孔中的毛刺。

安装差速器的时候，要把固定内伞齿轮的六角轴挡铜套，用直径3毫米螺丝固定在车轴的平槽上，再把内伞齿轮安装在轴挡铜套上。把大齿轮（过桥齿轮）穿进车轴，并在它上面安装好2只小伞齿轮（差速齿轮），再依次套进外伞齿轮、右轮铜套和轮毂。轮毂和轮圈可以事先套紧再安装在铜套上。最后用螺母把车轮锁定在车轴上。

差速器的内外伞齿轮同大齿轮上的3只小伞齿轮要处在最佳啮合状态，也就是说，既要求它们运转灵活，又要求它们之间的间隙最小。外伞齿轮和轮毂是用同一个六角铜套连接的，不用更多调整，而内伞齿轮在车轴上的位置，是由六角形的轴挡铜套决定的，需要仔细调整。为了便于调整，可以先把车轴取出来，等差速器安装好，调整好轴挡铜套位置后，再把车轴装入侧板铜套内。右后轮和外伞齿轮空套在车轴上，它们同车轴是松配合，左后轮同车轴是紧配合。

（3）动力传动机构的安装

先把电动机轴齿轮紧固安装在电动机轴上，安装方法是把轴齿轮用小榔头轻轻地敲进电动机轴上，敲打的时候，要在电动机轴的另一端衬垫一根同轴差不多粗细的金属棒，以免把电动机的后盖敲碎。为了便于使轴齿轮同大齿轮啮合良好，轴齿轮有时不完全部敲入电动机轴，可有3毫米左右的余量。轴齿轮同大齿轮的配合，可以通过调整电动机在侧板固定孔的安装位置，使轴齿轮轴线同大齿轮轴线平行，并且松紧适度，达到最佳啮合状态。然后用4只螺丝，把电动机紧固在侧板上。

（4）转向机构的安装

用直径4毫米的螺丝做转向摇臂轴，先穿过转向摇臂轴孔，拧入螺母，穿过横梁、平垫圈、弹簧垫圈，然后用螺母旋紧。横梁两侧的两个螺母把转向轴紧固在横梁上，转向摇臂能够绕轴自由旋转。前轮轴横向穿入转向摇臂，在摇臂两侧用螺母把车轴紧固在转向摇臂上。在车轴外侧依次拧入螺母，套入前轮铜套、前轮毂、前轮铜套，然后用直径4毫米螺母把动轮锁定。前轮同车轴是动配合，避撞板用螺丝螺母安装在横梁上。

（5）调速器的安装。

调速器的结构如图5－3－21所示。

调速器的电刷支架用3毫米厚的硬塑料板制作，绝缘支架用厚2毫米的环氧板制作，动触片和定触片用厚0.3毫米磷铜皮制作。铜皮

125

定触片可以用空心铆钉铆固在绝缘支架上。变阻器的镍铬电阻丝阻值在 4 欧左右。

调速器支架的槽口用来固定速度舵机。用一根直径 1.5 毫米的钢丝做连杆，把速度舵机的转矩输出盘同调速器的电刷支架连接起来。这样，速度舵机转矩输出盘转动就会带动调速器的滑动臂转动，从而控制车辆模型的前进、后退、加速和减速。连杆的长短要适中，连杆对滑动臂的转矩不能为零。

2. 遥控设备的安装和调整

这辆模型遥控设备和随动机构的安装如图 5—3—22 所示。

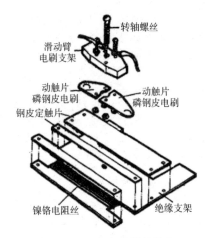

图 5—3—21　调速器的结构

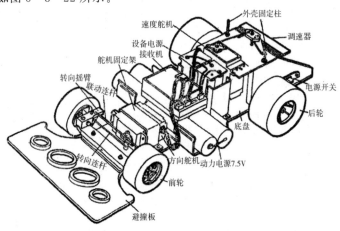

图 5—3—22　遥控设备安装图

它设有一套二通道比例遥控设备。在设备中有两个舵机：速度舵机和方向舵机。动力电源用 6 节 GNY1.5 的镍镉电池，总电压 7.5 伏。接收机设备电源用 4 节 5 号干电池，电压 6 伏。另外，还把它分成两组 3 伏电源，为方向舵机和速度舵机供电。

方向舵机用厚 1 毫米铝板做成的支架固定在底盘上，转矩输出盘和转向摇臂之间用连杆连接起来。转向摇臂有 4 只安装孔位，如果把连杆安装在最前面的孔位，转角就大；如果安装在最后面的孔位，转角就小。这可以根据车速和行驶路线的要求进行调整。调节转向连杆的长短，使转矩输出盘处在中间位置时前轮恰好处在直行位置。

速度舵机直接固定在调速器支架上，用调速连杆把转矩输出盘同电刷支架连接起来。转矩输出盘上有里外8只孔位，连杆安装在里面的孔位调速慢，安装在外面的孔位调速快。

接收机用铝板支架安装在底盘上，位于动力电源的上方。

3. 调试

整体组装后，先要手持车辆模型试车，观看它的车轮空转情况。操纵发射机发出转向指令信号，观察车辆模型转向是否灵活。再依次发出前进、后退、加速和减速等指令信号，观察车辆模型进、退和调速情况。最后再进行多动作同时操纵试验，如果情况正常，再到比较平坦宽阔的场地上进行试车。

六、无线电遥控电动车模比赛中的注意事项

1. 电动机的注意事项

（1）换向器

竞赛型电动机在平常训练时，碳刷和换向器的磨损是比较快的。电动机经过一段时间的使用，碳刷和换向器就会出现一定程度的磨损，接触面变得粗糙不平。这样，不仅增加了电能的损耗，更加速了碳刷和换向器的磨损，影响电动机的性能。比赛前，最好用专用设备"铜头机"对换向器进行加工处理。

"铜头机"是一部便携式超小型的

精密车床。将电动机的转子拆下并装到铜头机的旋转架上，调整活动进刀架，即可对换向器进行微量切削，使换向器表面光滑如新。如果不能用铜头机加工，可以采取一些简单的办法，比如用金相砂纸把换向器表面的氧化层慢慢打磨掉。但一定要非常小心，因为换向器是很精密的，处理不好很容易变形，造成换向器失圆，反而会使碳刷跳动，降低电机的工作效率。同时，再用美工刀把换向器槽间的杂质逐一去除。

经过以上的处理，换向器焕然一新，在比赛中电动机将有出色表现。

（2）碳刷

与换向器紧密配合的碳刷也是影响电动机性能的一个重要部件。比赛前要检查一下碳刷的长度，如果明显变短或是变了颜色，就马上更换新的碳刷。由于材料成分的配比不同，碳刷有硬有软，质地较软的碳刷用于比赛较好，但它的寿命也较短，只能保证3~4轮比赛。

（3）碳刷弹簧

碳刷弹簧对电动机性能也有很大影响。比赛中用较硬的弹簧可以使碳刷紧紧压在换向器上而不会产生跳动，允许较大的电流通过，使电动机具有较大的力矩，这样，车子启动迅速，加速比较快。

（5）电池

竞赛用的电池，除了能够大电流放电，使电动机输出强大的动力，还要有足够的容量，保证能在规定的比赛时间内源源不断地给电动机提供能源。所以，要在竞赛开始前用大电流对电池进行充电，这样充

出来的电池"爆发力"较大。一般选择 4～5 安的充电电流，充电时间为 20～30 分钟。为了避免充电过量，大多采用能自动检测电压的专用充电器，充足后会自动停止，并有音响提示。由于电池的外形相同，充好电的电池要做上明显的记号，避免误拿没有充过电的电池。

2. 轮胎的注意事项

飞机依靠空气升力飞行，轮船依靠水的浮力航行，而汽车则通过车轮与地面的接触前进。轮胎是车子和赛道的惟一中介，轮胎在很大程度上决定着赛车的行驶性能。轮匝旋转时产生很大的离心力作用在轮胎上。如果两者黏接不够充分，就会有若即若离的现象，从而使行驶条件大为恶化，赛车高速行驶时会突然出现偏离跑道的情况，对此必须引起高度重视。黏结剂可采用 502 胶水，一定要让胶水全部渗透到轮胎与轮匝的接合处。

3. 车壳的注意事项

车模发动机在工作时，最怕温度过高出现熄火。空模有螺旋桨带动强劲气流吹在发动机上为其散热，海模的发动机都有循环水冷装置，而车模发动机只能依靠风冷散热。所以内燃机赛车的车壳前方及后方部位都要开个孔，这样车子高速行驶时，空气对流吹过发动机的散热盖，以利降低发动机的工作温度。另外，车壳不管采用何种固定方法，最少需要 3～4 个固定位，与车架可靠连接。如果安装得不牢固，那么车子在比赛中，车壳可能会脱落或倾斜，这样就有可能碰伤轮胎，或

者影响前轮的转向，造成车子失控。

4. 遥控设备的注意事项

普通发射机上的转向与速度操纵杆附属的微调拨杆，决定了赛车的直线性能和初始状态。如果比赛前交发射机时，都已调整好了，一定要做一个记号。那么，在轮到自己比赛时，领取发射机后，先要看一下微调拨杆是否还在原来的位置。否则，就会发生车子跑偏方向、车子的惯性变得很小或很大等现象。有一些中、高档的无线电遥控设备的发射机，在微调拨杆调整好以后，先启动内置的音响报警程序，然后关机。如果被人误动了微调拨杆，打开发射机后，音响报警声响起，说明微调拨杆已不在原先的位置，提醒你马上恢复原状。

特别要注意接收机与舵机的防震措施，与遥控模型飞机或遥控模型舰船相比，遥控模型汽车承受大得多的震动。所以，为了防震，主要在接收机的安装方法上下工夫。在考虑防震对策的同时，还需考虑防水和防尘措施。

对于接收机和接收机电池来说，处理较为简单，只需将它们包在海绵之中，再套上乙烯塑胶袋，就可以达到上述防震、防水和防尘的目的。但对舵机来说，不可能将它包在海绵之中，也无法悬空。所以采用缓冲垫（黑色橡胶圈）的方法来缓和震动对舵机的影响。

接收机天线必须伸到模型车壳外面。有些人为了美观的原因，将天线缩在车身内部。这样，由于接收天线的角度和接收天线缩短，使无线电波的接收状态迅速恶化，造成接收机工作不稳定，车子在赛场

的远端时有失控的现象。还有一种情况，当塑胶外皮的天线出现破损情况，裸露的铜线碰到车子的金属底板或螺丝，车子在行驶过程中出现莫名其妙的转向或抖动的现象，就要停车检查天线是否完好无损。

接收机和接收机电池一定要很牢靠地固定在车架上，最好用双重保险法进行固定。否则，在激烈的比赛中，只要其中一件被震落，那么车子就像脱缰的野马飞驰而去，后果不堪设想。

无线电遥控内燃机车辆模型

采用内燃机作动力的车辆模型，虽然结构比较复杂，但是功率大、速度高，一般电动车辆模型难以同它相比。因此，它也是一种深受车模爱好者喜爱的竞速车辆模型。

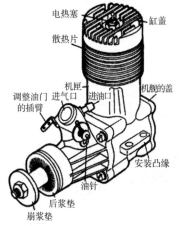

图 5－4－1　电热式内燃机

一、电热式内燃机简介

目前在无线电车辆模型中使用最广泛的是内燃机是电热式内燃机，图5－4－1是它的外部结构图。

1. 电热式内燃机的构造

电热式内燃机是由于它在汽缸盖上装有电热塞而得名的。它由机匣、机匣后盖、汽缸、汽缸盖、活塞、活塞销、连杆、曲轴、前浆垫、后将垫、油门、油针、散热片、电热塞等部件组成，如图 5－4－2 所示。

机匣是内燃机的主体，它支撑和连接内燃机各个部件。

汽缸内有杯形活塞，进入汽缸内的混合气体燃烧，推动活塞上下往复运动。

曲轴、连杆位于机匣的下部，它把活塞的平动转变成转动，对外输出动力。

散热片在汽缸的外部。散热片同周围空气接触面积大，散热效率高。如果散热片过小，或者通风不良。造成汽缸过热，会使活塞卡死在汽缸内而停止运转。

油门和油针是控制内燃机进油量的组件，调节油门和油针，可以改变内燃机的转速和功率。

电热塞也叫做电热嘴。它由铂铱合金丝绕制而成。电热塞加上1.5～2伏电压后会烧红发热，能够点燃混合气体。内燃机发动起来后。可以切断直流电源，汽缸内高温环境下，仍然能够继续点燃被压缩的混合气体。由于电热塞外壳的固定螺纹尺寸有公制和英制两种，使用时不要搞错，否则会损坏内燃机和汽缸头。

129

2. 电热式内燃机的工作原理

电热式内燃机是一种活塞式二冲程内燃机，它的杯形活塞把汽缸分成上下两个部分，下部分用于吸气和驱气，上部分完成压缩、做功、排气等过程，如图5-4-3所示。

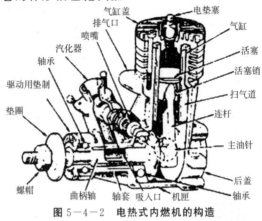

图5-4-2 电热式内燃机的构造

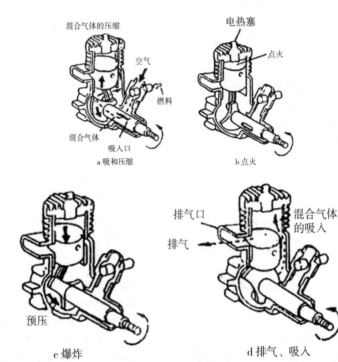

图5-4-3 电热式内燃机的工作原理

设汽缸上部已有混合气体。活塞上移，压缩汽缸上部的混合气体，活塞上移到一定位置，进气口打开，混合气体由进气口进入汽缸的下部。如图5－4－3a所示。活塞上移到顶端，电热塞把混合气体点燃，混合气体爆炸，推动活塞下移做功，如图5－4－3b所示。活塞下移到一定位置，排气口打开，废气由排气口排出，在这同时，汽缸下部的混合气体通过驱气道进入汽缸上部，并且帮助把废气排出，如图5－4－3c所示。活塞下移到最低点后，借助飞轮的惯性上移。压缩汽缸上部的混合气体，如图5－4－3d所示。这样循环往复，内燃机就运转起来了。

内燃机启动后，调节油门和油针可以获得不同的转速和功率。一般是转速越高，功率越大。但功率达到最大值后再增加转速，功率反而会下降。这种现象叫做过转现象。使用内燃机的时候，油门和油针调节要适当，避免发生过转现象。

3. 电热式内燃机的燃料

电热式内燃机使用以甲醇为主要成分，再添加润滑油及其他添加剂的混合燃料。甲醇俗称木精或燃料酒精，不过用于电热式内燃机中的甲醇必须是保证含水量在1％以下的优质甲醇。如果甲醇中的水分过多，就不能与蓖麻油混合。

润滑油除了用蓖麻油等天然物质精制而成以外，也有采用合成润滑油的。合成润滑油即使在高温下也难以碳化，所以它具有不会污染内燃机的优点。而且它还溶解于水，所以容易擦去附着在机体上的燃料和润滑油。但是，一般来说，它形成的油膜较薄，在高速旋转的情况下，油膜容易被切断，使润滑油的功能降低。从这一点来说，蓖麻油要优于合成润滑油。

在燃料中混入硝基成分后能够使内燃机在高热状态下良好地工作，增加最大转速。一般来说，硝基甲烷也有利于低速旋转时的稳定性，但当添加量增多时，由于缩短了点火时间而使转速提高。如在空气较稀薄的高原地带使用，可以适当提高硝基甲烷的浓度。

作为燃料的甲醇具有很强的毒性，特别对视觉神经的影响很大，严重中毒时可以导致失明。在内燃机使用过程中经常要检查燃料管是否堵塞，有些人用嘴向管子吹气，这样就可能有微量的甲醇进入口腔，所以绝对不能这样做。硝基甲烷的情况也同样，处理时必须小心谨慎。

表5－4－1是电热式内燃机常用的油料配方。

表5－4－1 电热式内燃机常用的油料配方表

用　　途	磨合用	练习用	竞赛用
甲　　醇	70％	75％	69％
蓖麻油	30％	20％	18％
硝基甲烷		5％	12％
硝基苯			1％

4. 内燃机的使用

（1）磨合

一台新的电热式内燃机，在正式使用之前，要用较低的转速运转2～3小时。这种运转叫做磨合，也叫做磨车。经过磨合的内燃机，运转灵活，容易获得最佳效果。磨合时要用大直径、大螺距的空气螺旋桨作负荷，以便控制内燃机的转速。

①停车状态下磨合内燃机。首先将安装内燃机的车子固定在轮胎不会与地面接触的台子上。由于内燃机启动后，车子会因震动而晃动，所以尽量使用不会让车子震动的台子。

磨合使用的燃料最好由20％～25％的蓖麻油与75％～80％的甲醇配比而成，由于不含硝基甲烷，温度上升也不易引起"咬缸"现象。如果没有上述燃料，也可以使用含硝基甲烷成分少的燃料，在燃料中最好添加5％的蓖麻油。

磨合以前，从气化器的吸气口中注入少许燃料，用手转动曲柄轴，使燃料浸湿内燃机的各个部分。如果觉得内燃机的轴旋转很顺滑，就说明加注的燃料正合适。如果注入过多燃料，内燃机就无法旋转，无法启动；当内燃机不能由电动式启动器带动时，就是内燃机内的燃料过多。这时需将安装好的电热塞（电热塞垫圈一定要取下）与连接在气化器上的燃料管取下，轻轻地以启动器带动内燃机，此时内燃机内的燃料会从电热塞的安装部位流出。当内燃机内的燃料全部排出后，再将取下的燃料管与电热塞装回去。

启动内燃机前，先检查一下电热塞是否正常。如果正常，位于中心的发热线圈会红红地发热，这样就是正常的；如果不会发热，可能是电热塞所用电池或电热塞故障，请换成好的。另外，如果发热线圈的红热度比较暗，可能是电热塞所用的电池容量不足，应该马上充电或换上新的电池。

如果以手拉式启动器启动时，启动用的绳索会使内燃机的曲柄轴转动。但在拉绳索时，要尽量拉得长一点、快一点。启动时需要注意的是：为了不让内燃机吸入过多的燃料，不要将主油针逆时针开过头；另外，要将风门关到最小开口位置再启动。特别是使用电动式的外部启动器时，由于其扭力比较大，能够让内燃机的轴转动很快，所以可能会吸入过量燃料，因此要小心观察后再启动。

将内燃机启动，并收小风门使其维持较低的转速运转；然后，稍稍开大风门，内燃机转速会有所提高。这时，再将主油针按逆时针方向慢慢旋出一些，内燃机的转速便又降低了。当内燃机稳定运转时，再重复以上操作，直至风门全部打开。

当内燃机稳定运转时，取下电热塞所用的电池。取下电池后，内燃机运转如变得不安定而慢慢停止，可关闭主油针30°，减少燃料的供给量，内燃机又回到安定运转的状态。这时候，内燃机处于一种"很富油"的工作状态，转速很慢，内燃机的气缸盖温度也很低，燃料消耗也相当快。这段时间要经常注意燃料箱内的燃料，及时地添加燃料。如果燃料箱内的燃料减少到一定程度时，内燃机会因为"贫油"变成高速运

转，内燃机温度就会急剧上升，这点要特别注意。

当内燃机的磨合工作正常地进行时，即使风门的开口相同，转速也会逐渐升高。所以要经常调整主油针，使内燃机在低速运转状态工作。转速增加时要打开主油针，转速减少、不安定时则要关闭主油针。用这个方法让内燃机消耗2～3箱的燃料。

另外，当风门在全开的位置，内燃机处于安定转动的最低转速状态下，其顶部的温度为40℃～50℃。在内燃机磨合的整个过程中，气缸盖顶部的温度最好维持在可以用手触摸的程度。在内燃机完全停止前，不能离开磨合工作的现场。注意：让内燃机停止时，不能用手直接触摸内燃机的排气管，可以用旧毛巾等塞住排气管的排气口，这样内燃机就会立即停止工作。

②行驶状态下磨合内燃机。将燃料装满整个燃料箱，打开发射机和接收机的电源，调整风门处于最小开口位置，启动内燃机。启动后慢慢地打开风门，让内燃机从低速过渡到中速。尽量不要在车轮离开地面的情况下，让内燃机高速运转，这将会损害内燃机的部件。

如果内燃机无法启动，要将风门从最小开口处调大一点，让燃料被内燃机吸入之后，再一次启动。一般将主油针放在从全闭的状态逆时针转两圈（720°）的位置上再启动。内燃机启动之后，重复用发射机的速度控制杆将风门从最小开口慢慢转到半开的位置，让内燃机热起来。内燃机热起来后，要确保在最低转速状态下稳定旋转；如果内

燃机在最低转速的位置熄火，就要利用怠速调整螺丝，将风门调整到内燃机在最低转速时不会熄火的位置。

上述的调整完成后，将车子拿到一个比较空旷的场地，进行行驶磨合内燃机的工作。在行驶直线道路时，让内燃机的风门全部打开，使车子全速行驶。在这个状态下消耗一箱燃料后，停掉内燃机，使其冷却。

等内燃机完全冷却后，补充燃料，将主油针顺时针旋转30°，启动内燃机，再度全速行驶。在内燃机的风门全部打开的情况下，再消耗约一箱燃料。每当消耗完一箱燃料时，就顺时针关闭主油针30°左右。全速行驶中，如果发生类似"咳嗽"的情况（内燃机的声音忽然一高一低，车子突然减速），说明内燃机燃料供应不上。这时先停止行驶，将主油针逆时针打开30°～45°再继续行驶。

这样反复行驶消耗了3～4箱燃料后，在风门全开的状态下，随着主油针逐渐关闭，直线速度越来越快，能够得到最快速度的位置就是主油针的最佳位置。要是把主油针从最佳位置进一步关闭，就会经常产生"咳嗽"的情况，这种行驶状态属于主油针关闭过度，须马上把车子停下来，将主油针逆时针旋转20°～30°，再操纵车子慢慢消耗2～3箱燃料后，行驶磨合内燃机的工作就完成了。

③磨合注意事项。车辆模型在地面上行驶时，车轮将地面上的泥土灰尘卷扬起来，由内燃机的吸气口吸入。内燃机一旦吸入灰尘或其他杂物，很容易造成严重磨损而损

坏其性能，所以吸气口一定要非常牢固地安装好空气滤清器。

除了吸气口吸入灰尘之外，燃料箱中也可能混入杂物，所以在输油管的中途必须装一个滤油器。现在有的燃料箱内部已有滤油器，就不必再另外设置了。

根据以往的经验，由于主油针被污物轻微堵塞而导致磨合工作不能正常进行的例子非常多。此外，电热塞不良也是原因之一。由于电热塞多数场合在低速状态下旋转，也就是在较浓的混合气状态下作长时间运转，当碳粒黏附在电热塞发热线圈上时，就导致内燃机工作不稳定。

判断电热塞工作不正常的症状，就是内燃机在低速或从低速到中速的变化途中突然停转。在这种情况下，不管你如何调整主油针和风门都是无用的。一般情况下，不要等到发热线圈断了以后才更换电热塞，而是发现电热塞工作不正常时，即使没有断线，也应该换一个新的电热塞。

（2）内燃机的安装和启动

内燃机要牢固地安装在车辆模型上，内燃机座的尺寸要同内燃机安装凸缘相配合。内燃机安装的位置尽可能低一些，以增加车辆模型的稳度。

车辆模型的内燃机通常采用绳索启动。一个人握紧车辆模型，另一个人注意内燃机的转向，迅速向上提拉绳子。如果听到有连续的爆炸声，说明内燃机已经启动。

（3）内燃机的减震措施

二冲程活塞式内燃机工作时震动较大，因此，要在内燃机的机座上垫上特制的减震橡皮块。有了这种减震措施，可以避免震坏车上设备，避免油箱中的燃料激烈晃动而产生气泡，造成内燃机工作不稳定。

5. 内燃机的维护和保养

①使用的油料要清洁，注油用具也要清洁，否则活塞和汽缸容易磨损。内燃机使用完毕要清洗干净，包好存放。

②安装电热塞之前，要用万用电表欧姆档检查它的阻值是否合乎要求。安装时要上紧，防止汽缸漏气。

③内燃机转速很高，不能使用断裂的飞轮或螺旋桨。

④不要在室内开车，以免甲醇和废气造成中毒事故。

⑤注意防火，油料不要放在高温或有火种的地方。

二、无线电遥控高速越野内燃机赛车模型

这里介绍的无线电遥控高速越野内燃机赛车模型，既先进又实用，可以在沙石地上行驶，还可以做"越台"、"飞车"等特技表演。由于这种模型已经批量生产，你可能买到它的模型套件进行组装，这里介绍它的结构原理和调整方法。

1. 结构原理

这辆模型由前避撞板、防震前桥、防震后桥、全金属车架、3.5毫升电热式内燃机、方向舵机、速度舵机、接收机等组成，如图5—4—4所示。

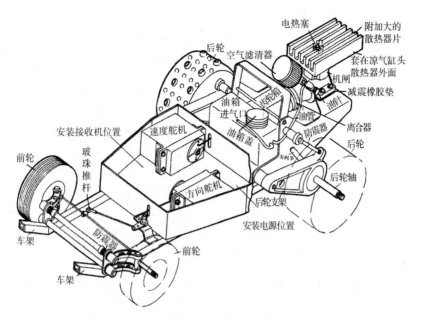

图 5—4—4　高速越野内燃机赛车模型实体图

这辆模型的动力传递路线是：内燃机活塞→曲轴→离合联轴节→小齿轮→大齿轮→齿轮箱→万向节→驱动轮（后轮）。

前避撞板用塑料板或者玻璃纤维环氧树脂板制成。这种材料在发生碰撞时能吸收能量，保护车架安全。前桥和后桥都有防震器，能把强烈震动转化成微小震荡，可以减小车体的跳动，增加轮胎附着路面的时间。在车辆模型高速急转弯时还能提供较大的向心力，避免翻车事故。

在内燃机上附加大的散热器片，使内燃机在低速运转或空转的时候不致过热卡死，也可以加大内燃机的功率。

2. 调整

（1）前轮的调整

两个前轮应该略成内"八"字形，每个前轮同车身纵轴线之间的夹角为1°左右。这样便于控制行车方向。

（2）调速机构的调整

速度舵机的转矩输出盘通过连杆同内燃机的油门连接起来。当转矩输出盘处于"回中"位置的时候，油门最小，内燃机运转速度最小，离合器处在"离"的状态。当转矩输出盘转动一个角度，油门加大，内燃机运转速度加快，离合器处在"合"的状态，车辆模型前进。当转矩输出盘转到最大角度，油门加到最大，内燃机高速运转，车辆模型高速前进。为了达到上述要求，要仔细调整连杆的长短和离合器的工作状态。

这辆模型是专为竞速用的，没有倒车装置，不能开倒车。

（3）方向舵机的调整

调整连杆长短，使方向舵机的转矩输出盘处在"回中"位置时，前轮处在直行状态。

三、无线电遥控比赛中内燃机的注意事项

参加比赛时，模型内燃机虽然经过磨合，但是还要通过耐心细致的调整才能符合比赛的要求。一般可按以下几个步骤进行：

1. 调整主油针

内燃机模型车初赛时间为 8 分钟，决赛时间一般为 20 分钟至 30 分钟。在高速和高温的条件下，如何让内燃机长时间稳定地工作，主油针的作用至关重要。比赛前，先把主油针调到最佳位置后，再逆时针旋转 20°～30°，让内燃机工作在"略富油"的状态，这样就不至于在竞赛的后半程由于内燃机过热而熄火。往往在这种情况下，熄火后再启动内燃机是比较困难的。

2. 调整副油针

主油针位置基本确定之后，在内燃机十分热的情况下，以最低转速让车子停住 5～10 秒，然后突然将风门全部打开，观察内燃机的反应。如果排气管的排气口出现很多白烟而加速缓慢时，就是"混合气"过浓的状态，这时要将副油针顺时针关闭 45°左右。如果将风门打开，烟几乎不从排气管的排气口排出，

内燃机好像无力加速，加速时从中途突然加快，甚至内燃机会熄火，这说明混合气过淡，就要将副油针逆时针打开约 45°。这种调整必须重复进行。经过耐心细致的调整，车子随着风门的开闭而平稳地加速或减速，副油针的调整也就基本完成。

3. 调整怠速

怠速的调整实际是由风门的最小开口量决定的。主、副油针的位置基本确定之后，可旋转怠速调整螺丝，一般将风门最小开口位置控制在 1 毫米左右，使内燃机能够稳定地怠速运转 30 秒左右。怠速要在稳定的基础上尽量调得低一些。如果担心内燃机熄火，将怠速调得较高，这样不仅会造成离合器的磨损，在急刹车时还会使内燃机负载突然增大，更容易造成内燃机熄火。

上述三个步骤完成后，还要注意比赛当天的气候变化、燃料的更换、火花塞的更换等情况，这些都会对内燃机的工作状态有影响。主、副油针的位置应根据具体情况进行细微的调整，怠速也要作相应的调整。

另外，参加比赛时一定要使用含有硝基甲烷的燃料，它能够确保内燃机稳定可靠的工作状况。

无线电遥控车辆模型的操纵

比例无线电遥控设备的出现，为控制高速车辆模型完成各种功能动作创造了条件，而车辆模型行驶速度的增加，又给比例遥控的操纵增加了难度。本节介绍比例无线电

遥控车辆模型的操纵技巧。

1. 发射机的握法

用双手的手掌，托住发射机机身，两手的拇指分别操纵左、右两

个操纵杆，如图5-5-1所示。右手拇指向左或向右反动转向操纵杆，可以控制车辆模型的左右转向。左手拇指向上或向下扳动速度操纵杆，

可以控制车辆模型的前进、停车和倒退。发射机操纵手法和车辆模型操纵部位的对应关系如图5-5-2所示。

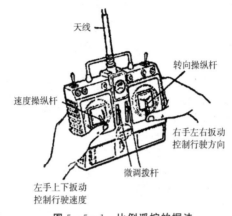

图5-5-1　比例遥控的握法

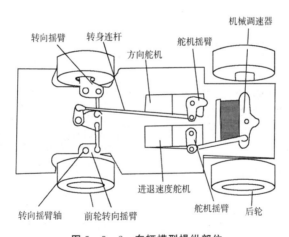

图5-5-2　车辆模型操纵部位

　　当转向操纵杆向左扳动的时候，方向舵机的转矩输出盘顺时针旋转，通过转向连杆、转向摇臂等，使前轮向左偏转，车辆模型向左转弯。与此相反，当转向操纵杆向右扳动的时候，方向舵机的转矩输出盘逆

时针旋转，使前轮向右偏转，车辆模型向右转弯。车辆模型的转弯半径，是随着方向轮转向偏角变化的，而方向轮转向偏角是随着方向舵机构转角变化的，方向舵机的转角又是随着转向操纵杆扳动的角度变化

的。所以，只要我们控制方向手柄左右扳动的角度，就能控制车辆模型的左右转向偏角和转弯半径。

当速度操纵杆处在中间位置时，车辆模型停止行驶。向上扳动速度操纵杆，进退速度舵机的转矩输出盘向某一个方向旋转，牵动调速器，使车辆模型前进。向下扳动速度操纵杆，进退速度舵机的转矩输出盘向另一个方向旋转，反方向牵动调速器，使车辆模型倒退。改变速度操纵杆上推下拉的偏转角度，可以按比例地控制车辆模型前进或倒退的行驶速度。

操纵水平的高低同操纵手势有密切的关系。左手和右手的大拇指肚应紧贴操纵杆的顶端，不论操纵杆在何位置都不能离开。这种手法操纵范围大且比较灵活，微小的角度也能反映出来。有些选手用大拇指的侧面敲击操纵杆，当需要左右方向连续动作时，此种手法的反应速度跟不上，而且角度的大小心中无数。正确的手法操纵出来的车模行驶路线是很柔和的、无棱角的，反之则呈锯齿形的路线。

2. 车辆模型的起步

车辆模型从静止到发挥出行驶速度的过程叫起步。在车辆模型竞速比赛中，要求起步时间尽可能短一些。一般的操纵方法是：先把速度操纵杆较大幅度地向上推去，使车辆模型冲出起跑线。然后，稍稍往回扳操纵杆，使车辆模型保持在自己所能控制的行驶速度上。操纵手柄扳回的程度，要根据自己的操纵水平来确定，使车辆在尽可能快的行驶中能够顺利完成各种行驶动作。随着操纵技术的不断提高，起步时间会逐渐缩短。熟练的操纵者甚至可以把速度操纵杆始终保持在最高速度的位置上，进行各种行驶动作的操纵。

3. 车辆模型的直线行驶

即使车辆模型在直线行驶，也要不断地修正行驶方向。在高速行驶的情况下，还要对行驶方向提前判断，及时做出反应。对新手来说，往往修正过度，车子往相反方向大幅度偏移，在这种情况下，只得再度修正，于是出现"蛇行"现象，高速运动的车子就会偏出赛道，如图 5－5－3 所示。

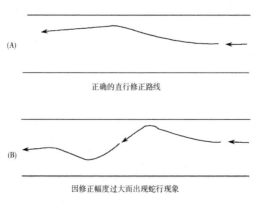

(A)

正确的直行修正路线

(B)

因修正幅度过大而出现蛇行现象

图 5－5－3 车辆模型的行驶

在直线行进途中，为了超越其他车子，应尽早改变前进方向，这就是说，以微小的幅度、较长的时间操纵转向控制杆，从而缓缓地改变行车路线。

如果行驶到离先行车不远处才考虑超车，那么就必须大角度改变行车路线，这就增加了操作转向杆的难度，不可能顺利超车。

需要改变行车路线的另一种情况是，在前进路上因故障而停下的车子或者有正在打转的车子，因此必须改变行车路线避开它。遇到这种情况，当然是发现得越早越好。所以在操纵车子的同时，一定要不时地用眼睛快速扫描前方的情况。

4. 车辆模型的转弯

要让车子转弯，必须将转向操作和减速操作配合使用。也就是说，一方面要改变车子的转向，另一方面要控制车子的速度，转弯的操作路线如图 5－5－4 所示。

对高速行驶的模型赛车来说，控制速度的操作更为重要。转向操作仅仅使行车路线成为曲线，这只适合在慢速情况下或者转弯半径非常大的场合下采用。扳动的幅度要由小到大，不要一扳到底，因为行驶中的车辆模型具有很大的惯性，转向操纵杆一扳到底会造成"甩尾"、"掉头"等误动作。

如果不能准确地控制速度和不能微妙地操纵转向杆，就无法高速转弯。只有娴熟掌握操纵技巧的选手，才有可能做到高速转弯。

5. 车辆模型在椭圆路线上行驶的方法

椭圆路线的行驶技术，在比赛中很常用，这里介绍一下赛车的行驶方法，如图 5－5－5 所示。

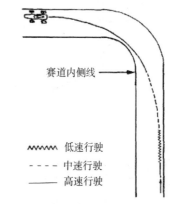

图 5－5－4　车辆模型的转弯

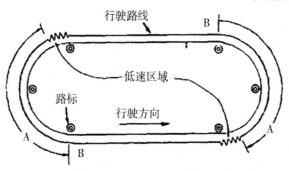

图 5－5－5　椭圆路线的行驶方法

139

行驶路线通常在跑道线内侧 3 米的范围内。在 A 区间,进入弯道时,控制车子的速度,快出弯道时,使转向杆缓缓恢复至中间位置,以便将车子改为直线前进。车子到了 B 点,转向杆保持中间位置,逐步加速,使车子做高速直线前进。

6. 超车

超车的情况有三种:第一种是前面有速度较慢的车在行驶,第二种是几辆车挤在一起,第三种是前面有因故障而停下的车子。为了避免碰撞,都需要超车。

超车时,通常以被超越的车子为中心,从左侧或者右侧超越过去。此时,最好"微动"转向杆。所谓"微动",就是稍稍扳动转向杆即可完成超车动作。如果幅度过大,可能出现车子自旋的现象和无谓的时间损失。参见图 5—5—6,粗线显示的是错误超车路线。

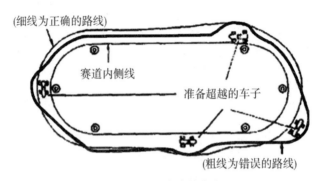

(细线为正确的路线)

赛道内侧线

准备超越的车子

(粗线为错误的路线)

图 5—5—6　超车的方法

如果发现前进的道路上有因故障而停止的车子,必须大致估计出与自己车子的距离,然后判断一下如按既定路线继续行驶是否会撞到那辆停着的车子。如果认为将要相撞,就必须考虑超越停着的车子。到底是从右侧还是左侧超越,这要在赛场视具体情况而定。

超车的路线如图 5—5—6 的细线所示,按这样的路线行驶,车子自旋打转的可能性最小。

当别人的车子速度比你的车子快,准备从后面超车时,你应该有意识地让车。如果不幸相撞,轻则损失时间,重则两败俱伤,都无法继续行驶,对双方都没有好处。一般来说,准备超越的车子,在被超越的车子和跑道内侧之间通过,如图 5—5—6 的右下部分所示。

在比赛中超车时必须注意不要撞到一起参赛的其他车子。否则,一旦相撞,不论是你的车子还是对手的车子,都会损失比赛时间,严重时甚至会使车子无法继续行驶。如果两辆车子的行驶速度相差不大,应避免无谓的超车。

最令人尴尬的事情就是自己的操纵技术不够熟练,从而引起其他车子的时间损失或无法行驶。所以,在比赛中优先考虑的问题是如何避免与其他车子相撞。

车壳的制作和美化

为车辆模型安装车壳，不仅可以使车辆模型外形更美观，对车模本身进行防护，而且还能减小空气阻力，增加车轮同地的附着力，从而增加车辆模型的稳定性。车辆模型高速行驶的时候，车壳还对防止车身侧滑和车轮空转都有一定好处。

对设计制作车壳的要求如下：

①车辆模型的外壳要呈流线型。流线型对高速行驶模型更重要，它会大大减小行车阻力。车灯、尾翼等也要做成流线型。

②车壳的长和宽的比最好是5：3。这种比例看上去舒服。

③车壳要设计得低一点好。车壳低一点，有助于降低整车的重心，增加车辆模型的稳定性。

④车壳的式样要新颖，色调要鲜明。

⑤车壳的外表面要尽量光滑。这不仅使车辆模型更美观，而且也有利于车壳本身的防护。

⑥车壳的外形要简洁。车壳外表应当尽量减少突出的部件，以便减小阻力和减轻车体重量。

车壳的制作

一、纸质车壳

简单的车模可以安装纸质车壳，图6－1－1是纸质车壳的一种。

制作纸质车壳需要的材料有：彩色蜡光纸、彩色卡纸、彩色广告纸、涂塑卡纸、硬纸板、吹塑纸、乳胶、透明胶水、油漆和刷子等；需要的工具有：剪子、刻刀、壁纸刀和钢尺。

141

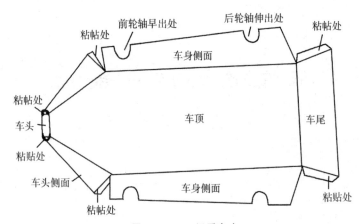

图 6—1—1　纸质车壳

　　首先按照不同车型的车体设计车模各部位尺寸图，尽量按真车形状设计。然后绘制车壳展开后的平面图。并画出剪裁线和弯折线。剪裁线用粗实线表示，弯折线用虚线表示，如图 6—1—2 所示。

　　展开图画好后，把图在需要的纸质上放样。放样时笔迹要轻淡，保持纸面清洁。放完样就可以剪裁或刻制。剪裁或刻制时剪刀和刀子要锋利，按线剪裁或刻制得要整齐，不要有毛边。剪裁完在弯折前要用小刀在弯折线的背面轻轻划一下，便于弯折整齐。黏接时用乳胶或胶水，要涂抹得少而均匀，使胶干后不留痕迹。

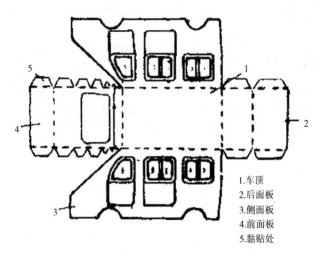

1.车顶
2.后面板
3.侧面板
4.前面板
5.黏贴处

图 6—1—2　纸质车壳展开图

142

纸质车壳可以在外面裱糊彩色蜡光纸，这样可以省去上色工序。也可以涂漆，涂漆可手工涂刷，也可喷涂。手工涂刷要使用不脱毛的笔或刷子，涂清漆时要先上色，涂漆要薄。等漆干后再涂第二遍。

注意用吹塑纸制作车壳时，只能用白胶水或透明胶水黏合，不能用快干胶、氯仿等有机黏合剂黏接。

二、木质车壳的制作

制作木质车壳的材料有：航空层板、桐木片、桐木条、松木条、乳胶、漆。所需的工具有：手势锯、弓锯、刀子、木锉、砂纸、油漆刷子。其中常用的是厚度 2 毫米以下的桐木片和航空层板。航空层板质地细腻、强度高、弹性好、易于加工成型，是制作木质车壳的理想材料。图 6－1－3 是个桐木车壳。

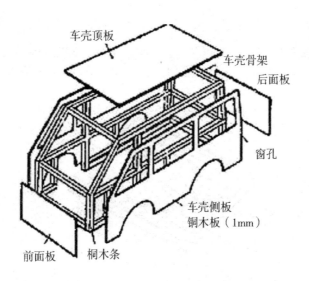

图 6－1－3　桐木车壳的结构

首先要绘制车模的工作图纸（整体图和零部件图），然后用桐木条或松木条制作车壳骨架，用桐木片或航空层板制作车壳外皮及零部件，制作车壳骨架时严格按设计尺寸下料、截口要平整。

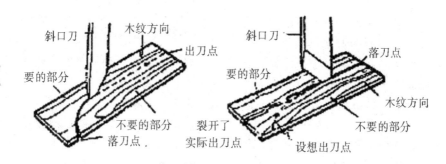

a.用锋利小刀顺着木纹正斜面
方向刻木片才是正确的工艺

b.不正确的工艺使木片开裂，
破坏了材料的完整性

图6－1－4　木片的切割

切割木片可以使用斜口刀。正确的运刀方法如图6－1－4a所示，锋利的斜口刀，沿着木纹斜面方向进刀，这样能使需要部分的木片不裂开；如果采用图6－1－4b所示的落刀点，容易使木片裂开。

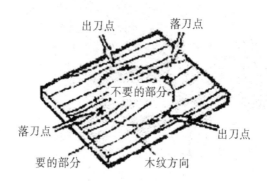

开圆孔方法：斜口刀刀口依"↑"标示方向进刀

图6－1－5　木片开圆孔的方法

在木片中挖圆孔，要从两个落刀点向左右运刀，如图6－1－5所示。切忌沿圆形弧线一切到底。料块切好后，要用砂纸打磨光滑。打磨的时候，砂纸包在一块木块上，这样打磨出来的料块会光滑平整。

总体黏接时，用乳胶先黏接车壳骨架两个侧面，后黏接骨架前、后两个面。这个过程可以用大头针帮助定位，等胶水干固后再把它拔掉。如果强度不够，可以在车壳的里侧增黏三角形加强条。

车壳骨架四个面的胶干固后，把裁截好的车壳外皮一块一块黏接到骨架上。然后用砂纸把整个车体打磨光滑平整，最后黏接车灯、拉手等零部件。

涂漆时先用腻子填平凹坑和缝隙，干后用零号砂纸打磨平整。按真车颜色涂漆，涂漆时顺着一个方向涂刷，每涂刷一遍都要等漆面干透后再涂刷下一遍。车壳上的各种图案和文字，可以用彩色蜡光纸剪成，然后黏贴在车模外壳上。

三、铁皮车壳

铁皮车壳的制作需要用到烙铁和马口铁皮。

制作时，首先在马口铁皮上按照图纸用划针画线，再用铁皮剪刀按照画线剪裁，然后用什锦锉刀把毛边锉平，最后进行焊接即可。

焊接前，一定要清除焊接面的铁锈和污垢。焊接时，选用氯化锌焊剂或活性助焊剂，使用 75 瓦左右的电烙铁。电烙铁要在焊接面上多停留一些时间，使接缝焊牢，避免虚焊。氯化锌焊剂是酸性的，对铁皮有一定的腐蚀作用，所以用量不宜过多，焊接后还要擦去残存着的焊剂。

车壳的美化

车壳的美化主要是对车壳进行打磨、上漆及装潢，基本步骤如下：

1. 打磨

先用 0 号砂纸反复打磨车壳外表面，大致打光后，用腻子填平凹坑和缝隙。腻子用市售的硝基腻子，它干得快，黏结性能好，干后容易打磨。腻子要均匀地涂抹在车壳的外表面。腻子干后，用 0 号砂纸打磨三四次后，再用 00 号砂纸反复打磨两三次。

2. 涂漆

涂漆通常分三步进行，先涂底漆，再涂面漆，最后涂罩光漆。这些漆料都可用稀释剂进行稀释。

底漆同内外层材料都有良好的附着性能。它的颜色一般是铁红色。

面漆是底漆外面的涂层，它决定车壳的颜色。最常用的面漆是硝基磁漆，硝基磁漆无毒性，干得快，适宜于喷涂。另外，一些比较高级的车辆模型，最好用丙烯酸磁漆和聚氨酯磁漆。特别是聚氨酯磁漆，它的漆膜光泽好，漆层硬度高，耐摩擦，抗腐蚀。

面漆涂好后，还要在阳光或红外线灯光照射下，在面漆上喷涂两三层稀涂布油或硝基清漆，作为罩光漆层。喷涂罩光漆，可以增加光泽，保护面漆层不被划伤。

涂漆可以手工涂刷，也可以喷涂。手工涂刷要使用油画笔等不容易脱毛的笔。最好在阴雨天进行，因为阴雨天空气中没有大颗粒灰尘。要顺着一个方向涂刷，每涂刷一遍，都要等漆面干透后再涂刷下一遍。采用喷涂工艺，要注意把漆料稀释均匀。硝基喷漆的稀释剂常用香蕉水，油基磁漆的稀释剂常用 200 号溶剂汽油。

另外，车壳的颜色是还跟场地和竞赛类型有关，外场竞赛一般用橙红做主色，室内竞赛一般用浅蓝色、浅绿色、淡黄色做主色。

3. 装潢

车壳的装潢要做到合理实用、美观大方。

车壳上的各种图案和文字，可以用彩色蜡光纸剪成，然后用罩光漆贴在车辆模型上。车门拉手、工具箱、油箱等附件，可以用有机玻璃制作。另外，还有一种做过涂塑处理的胶水纸，颜色鲜艳，防腐防潮性能好，也可以用来制作车壳上的各种装饰物。

像真车模的车壳

顾名思义，像真车辆模型是根据真车的外形按比例缩小后制成的车辆模型。它的外形同真车外形很相似，常常代替真车陈列、展览。有时也代替真车做某些性能试验，比如用它做风洞实验，测定车辆在高速行驶中，空气流过车身的流向和速率。

像真车辆模型一般不装配动力装置，制作没有动力的像真车辆模型，除了车轮、前后桥、底盘和内装潢以外，主要是制作车壳。制作像真车辆模型外壳，包括绘图、做样板、做模胎、裱糊、涂漆和装潢等几个工序。

本节主要介绍不装配动力装置的像真模型的车壳的制作步骤。

1. 绘图

首先把真实车辆的图纸按比例缩小，绘制成真车辆模型的工作图纸。

包括前视图、后视图、侧视图、俯视图，还包括车身几个主要部位的横剖面图和纵剖面图。为了制作得更加精细逼真，有时还要绘制车身某些局部的详图。图 6-3-1、图 6-3-2 和图 6-3-3 是 3 种像真车辆模型的四面视图，供制作时参考。

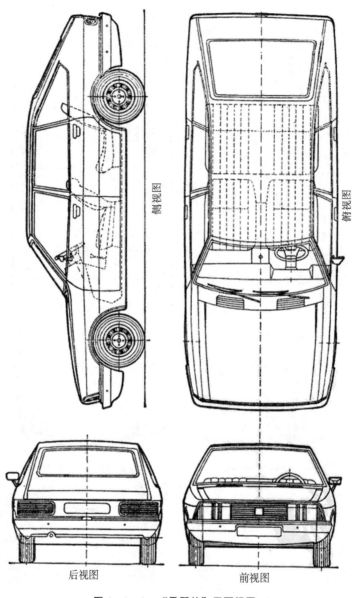

侧视图

俯视图

后视图   前视图

图 6－3－1   "雷那特"四面视图

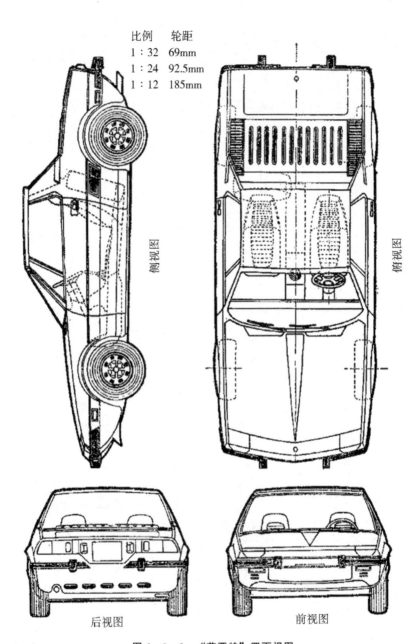

比例　　轮距
1：32　69mm
1：24　92.5mm
1：12　185mm

侧视图

俯视图

后视图　　　　　　　　　前视图

图6－3－2　　"菲亚特"四面视图

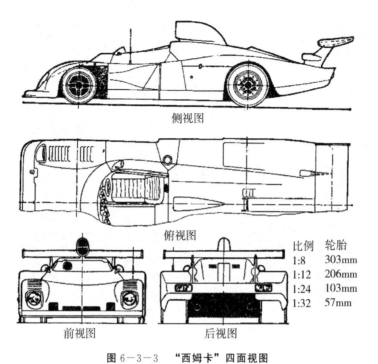

侧视图

俯视图

比例	轮胎
1:8	303mm
1:12	206mm
1:24	103mm
1:32	57mm

前视图　　　　　　　后视图

图 6－3－3　　"西姆卡"四面视图

2. 样板的制作

按工作图纸，把像真车辆模型侧面外形和几个主要部位的剖面，用薄硬塑料板制作成反切面样板，如图 6－3－4 所示。考虑到车壳的厚度，样板的尺寸应该比实际车壳外表面略小一些。

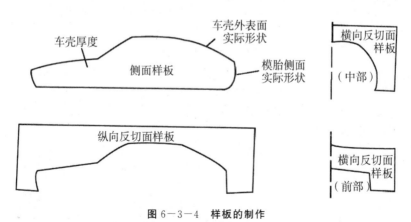

车壳厚度

车壳外表面实际形状

侧面样板

模胎侧面实际形状

纵向反切面样板

横向反切面样板（中部）

横向反切面样板（前部）

图 6－3－4　样板的制作

3. 模胎的制作

像真车辆模型的模胎常用石膏制作。用薄铁皮围一个方框，放在一块厚玻璃板上，组成一个长方体容器。容器的大小由像真车辆模型的体积决定。用清水把石膏粉调成糊状，一次倒入铁皮容器中，经过

一昼夜之后，石膏凝固成石膏块，就可以用来加工模胎。

先用刀把石膏块削成车壳的大概形状，然后根据纵向反切面样板和横向反切面样板，用刀仔细修整出准确的车壳形状，如图6－3－5所示。

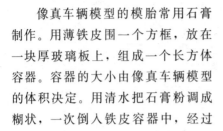
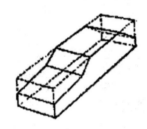
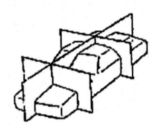

图6－3－5

4. 裱糊

模胎做好后，先在模胎表面薄薄地涂上一层石蜡，再进行裱糊。裱糊材料可以用旧报纸、化纤布、玻璃纤维布等。黏合剂可以用白胶水、环氧树脂胶、不饱和聚酯树脂等。

裱糊第一层的时候，用清水把纸裱糊在模胎上，以后逐层涂上胶水，每一层都用手或者用刷子把纸平整地裱糊到模胎上。纸和模胎一

定要紧贴，如果出现皱褶，要用刀子把皱褶切开，用手把它抹平在模胎上。一般车壳要裱糊10～15层，厚约1.5毫米。

等裱糊的车壳干固后，用1号砂纸打磨，再裱糊两层干净的白纸，白纸干固后，用0号砂纸打磨光滑。然后从模胎上取下车壳，用刻刀刻车窗、车头进气孔、车灯孔等。如图6－3－6所示。

车辆模型制作入门

CHELIANGMOXINGZHIZUORUMEN

150

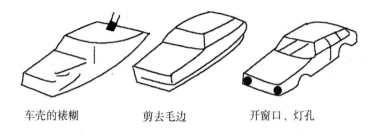

| 车壳的裱糊 | 剪去毛边 | 开窗口、灯孔 |

图 6-3-6 车壳的裱糊过程

5. 涂漆和装潢

把滑石粉和硝基磁漆拌成薄糊状，用油画笔把它涂刷在车壳外面，涂刷两层。干固后用 0 号砂纸打光，刷两层硝基磁漆。干固后用 400 号小砂纸打磨，刷两三层硝基磁漆。干固后，用石蜡上光，车壳就做好了。

在底盘上安装车壳之前，先要安装方向盘、仪表板、坐椅等。车壳安装在底盘之后，还要安装车灯、门拉手、窗玻璃、雨刮等。这些附加设备，可以用塑料、人造革、橡皮泥等材料精心制作，用黏合剂黏结。

附录：车辆模型竞赛通则

一、场地

1. 赛车场地应平整、干净。如沥青或水泥路面（伸缩缝应平坦）；越野车赛场可有坡度、沙土、浅水洼，低草地等较复杂地形。

2. 赛车和越野车的跑道图形及尺寸由规程确定。

3. 跑道宽度 2～5 米。跑道两侧要有明显的标志线，标志线宽度为 8 厘米。

4. 在距跑道标志线外 20 厘米处设置高度 5～10 厘米的障碍物（木质或胶质），用以防止车模抄近路或进入跑道其他部分。

5. 在场地周围约 2 米处，设置有效的障碍物（栅栏或矮挡板等），以保障观众安全。

6. 操纵台正前方与跑道最近部分的距离为 2～4 米，运动员距跑道最远不大于 60 米。

7. 操纵台的高度和长，宽尺寸首先要保证运动员的安全，其次要保证视野范围。

8. 修理区须设在操纵台附近，出、入口应靠近起点线的出发方向一侧，此出、入口最好在慢速道上。

二、车辆模型

1. 遥控电动赛车和越野车模型应按真车的 1/12 比例制作，误差不大于 ±10％。

2. 遥控内燃机赛车和越野车模型应按真车的 1/8 比例制作，误差不大于 ±10％。

3. 遥控赛车上的螺钉不能伸出车壳外；其车轴、轮胎、底盘等任何部分不能超出车壳两侧。

4. 遥控赛车和越野车模型，必须在底盘前端装有用非金属软材料或直径 5 毫米以下的钢丝制成无棱角缓冲器（防撞器、保险杠），缓冲器应与地面平行。

5. 遥控车辆模型必须能可靠地刹车。内燃机汽车模型必须装有离合器，在发动机转动时能使车模停止不动。

6. 遥控电动汽车模型的动力电源标称电压不得大于 7.5 伏。

7. 遥控内燃机汽车模型使用的内燃机气缸容积不大于 3.5 毫升。其燃料箱容积不大于 125 毫升。

8. 遥控内燃机汽车模型须装有效果良好的消音器，其噪声不得大于 80 分贝。测定方法为：内燃机最大油门时，声级计距地面 1 米高，在距排气口 10 米的任何方向上测定。

9. 内燃机车模以甲醇（80％、75％）和蓖麻油（20％、25％）为燃料，不得使用其他添加剂。

10. 特种车辆模型是指能在陆地

行驶，并且有车轮或履带的各种机动车辆的模型，模型主要部件必须自己制作，如竞赛规程未作具体规定时可自行设计。

三、遥控设备

1. 遥控设备的使用应经当地无线电管理委员会批准。

2. 所有参加竞赛的遥控设备必须工作在业余频段上。其发射机天线顶端应系有表示频率的色带。

3. 遥控设备可以是商品或自制品，自制设备的主要技术指标应符合有关规定。

4. 所有遥控设备应有不同频率的备用晶体，以便能改换工作频率，

5. 所有发射机（包括无线电对讲机等具有发射能力的无线电设备），须在当日比赛开始前30分钟交发射机管理处。每轮比赛时凭保管卡片领取，赛后立即关机交回，直至当日比赛结束后方可取回。如有中途退出比赛离开赛场者，经总裁判批准后可予以发还，但不得在赛场附近开机。

四、竞赛方法和成绩评定

1. 遥控汽车模型竞赛分为：

（1）耐久赛——在规定的时间内以行驶圈数多少评定成绩。

（2）计时赛——按完成规定圈数的时间长短评定成绩。

2. 每次竞赛车模编组数量和竞赛时间（圈数）由规程确定。

3. 每个运动员允许有与主车同型号的备用车模，但它们的遥控设备频率应相同。使用备用车模时必须先得到计时裁判长的允许，在同一轮竞赛中不得更换车模。

4. 每辆车模只允许参加一个项目的比赛（规程另有规定时除外）；每辆车模只能专人使用（包括备用车模）。

5. 所有车模（包括备用车模）要经过技术检查，并发给合格证以及编号，号码在车模上应有明显标记。

6. 竞赛编组由抽签决定，若同组内有频率相同的遥控设备时，再抽签决定更换频率者，如其无法更换则不能参加该轮比赛。

7. 计时裁判长在发令前一分钟发出"准备"信号，到30秒时再发一信号，此时车模应到起点线作好发车准备，到5秒时计时裁判长开始倒计时，报出："5、4、3、2、1、到"同时落下信号旗，裁判员开始计时。因故障未能出发的车同样计时，修复后自行发车。

8. 每个运动员可有一名助手（由同队运动员兼任），在发车时，内燃机车模可由助手持其尾部，但不得用外力帮助发车，发车后助手立即退出场外。竞赛中可在修理区内给车模加油、更换电池及进行修理等。

9. 竞赛中车模脱落任何零部件都须立即回修理区进行修理。

10. 竞赛中需加油、换电池及修理而又能够行驶的车模，必须在不影响同组车模比赛的情况下由出口进入修理区；返回跑道时要从入

口进入跑道，并从已行驶的整数圈继续计算圈数，其所用时间不予扣除.

11. 竞赛中若车模越过跑道边的障碍物不能自行返回时，由场地巡视裁判员将其送回越出障碍物处的跑道继续比赛。

12. 竞赛中对抢令者给予处罚：不论计时赛或耐久赛均在该轮成绩上加10秒钟。

13. 竞赛中超车时，双方应相互避让，前车不得有阻止后车超越的动作，后车不得强行超车或有意碰撞前车，如有违反者将给予处罚。

14. 车模不得依靠任何外力通过终点线。

15. 计时赛时，完成规定圈数的车模应立即驶回修理区，不能影响其他车模比赛。完成规定圈数所用时间为该轮成绩。未完成者该轮为零分。

16. 耐久赛时，在计时裁判长发出"时间到"的口令时，未达终点线的车模应继续行驶到终点，其行驶的完整圈数及所用时间为该轮成绩，发出口令时及口令前已经中途停止行驶的车模该轮为零分。

17. 竞赛轮次：无线电遥控电动赛车模型、无线电遥控内燃机赛车模型、无线电遥控电动越野汽车模型、无线电遥控内燃机越野汽车模型均进行二轮预赛和二轮决赛，以预赛中较好一轮成绩评定进入决赛的资格；决赛中取较好一轮的成绩评定个人名次。如因天气等的影响不能完成规定竞赛轮次时，按已有成绩评定名次。

（1）计时赛时，完成规定圈数的车模所用时间短者名次列前；时间相同者以另一轮成绩确定名次。

（2）耐久赛时，完成圈数多者名次列前；圈数相同时间短者名次列前；时间也相同时以另一轮成绩确定名次。

18. 比赛点名时运动员未按时到场者取消该轮比赛资格。

19. 运动员在竞赛时，他人不得以任何方式给予场外指导。

20. 计时方法：每辆车模由2名裁判员记时时，取其平均值为成绩，秒表精度为0.01秒。

21. 特种车辆模型表演赛以模型制作工艺和表演效果等方面综合评定成绩，具体评分办法由竞赛规程确定。